Reading Latin via *Ovid*

オウィディウスで
ラテン語を読む

Kiyozo Kazama
風間喜代三

2013
三省堂

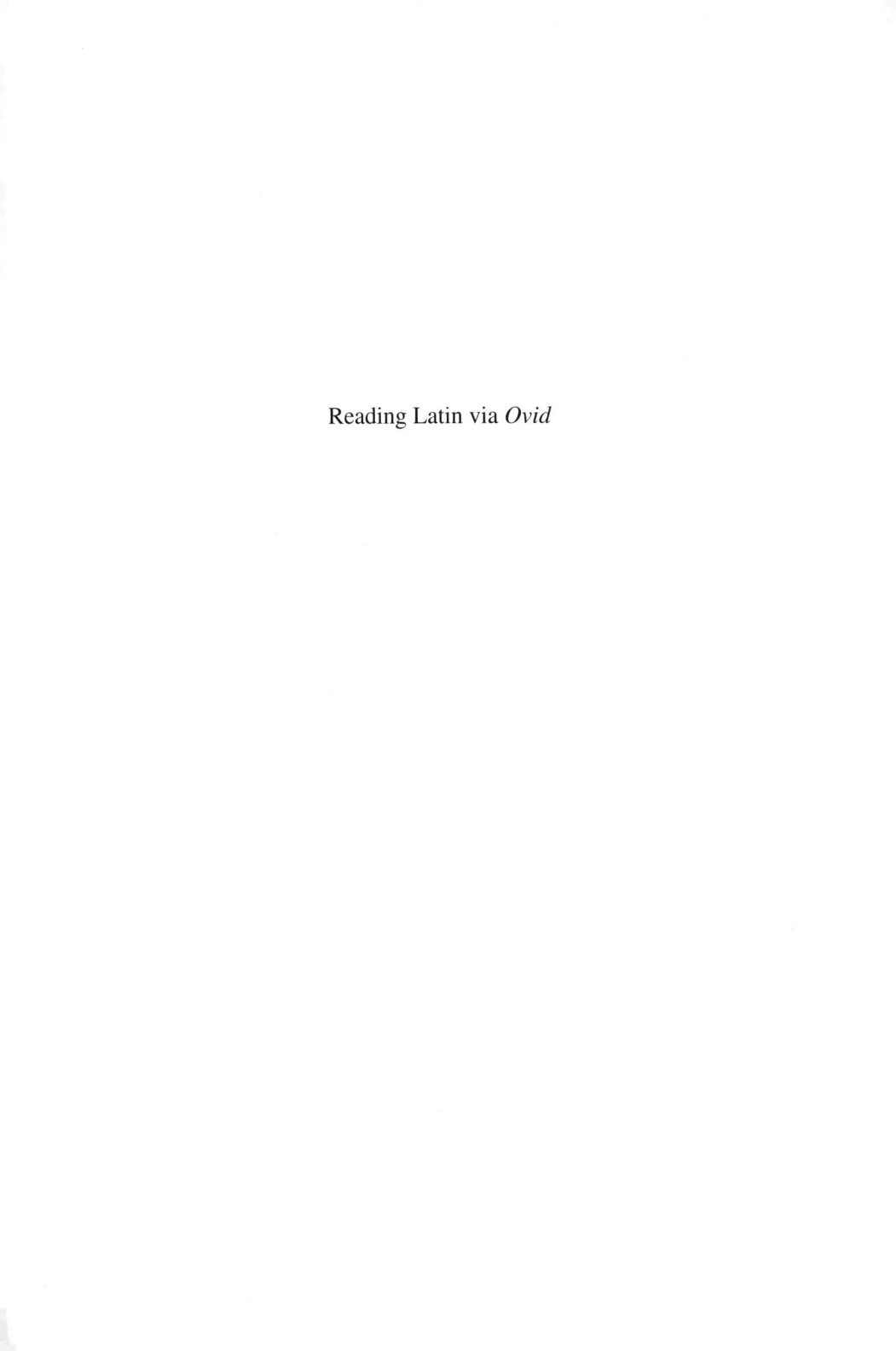

Reading Latin via *Ovid*

はじめに

　これから読者とともに読みすすめていく作品は，古代ローマの詩人オウィディウス (Pūblius Ovidius Nāsō) の 3 つの詩集「悲しみの歌 *Tristia*」「黒海からの便り *Ex Pontō*」「恋の歌 *Amōrēs*」から，現代人にとってもおもしろく読める以下の部分を抜粋したものである．

- *Tristia* から 3 編：第 1 巻第 3 編 (ローマとの別れ), 第 4 巻から第 8 編 (老年), 第 10 編 (自伝)
- *Ex Pontō* から 2 編：第 1 巻第 4 編 (妻へ), 第 3 巻第 7 編 (友人たちに)
- *Amōrēs* から 7 編：第 1 巻から第 2 編 (アモルの凱旋), 第 5 編 (昼下がりの恋), 第 2 巻から第 9A 編 (恋を終えて), 第 9B 編 (再び恋を), 第 15 編 (指輪), 第 3 巻から第 8 編 (富の横暴), 第 9 編 (ティブルスの死)

　なお，ラテン語読本としての性格上，本書は初級のラテン語文法を解説した本 (既刊の拙著『ラテン語・その形と心』など) をひととおり読み終えた読者を前提としていることをお断りしておく．

　本書の構成を簡単に説明しておこう．まずはじめに，詩のテキスト (偶数ページ上段) とその日本語訳 (偶数ページ下段) をおいた．つぎに，原詩の語順を変えて文法的につながりのあるフレーズにまとめ，さらに「長い」母音にしるしをつけたテキスト (奇数ページ上段) をおき，最後に原詩の理解に必要と思われるフレーズ (と語) の意味を解説した注 (奇数ページ下段) を添えた．つまり，見開きの 2 ページが原詩読解のためのひとつのまとまりを構成しているわけである．なお，

偶数ページ下段においた日本語訳は，読者が原詩との対応を読み取りやすいように，（文学作品，それも詩の訳文としてではなく）より直訳に近いかたちに訳してあることをお断りしておく。また，テキスト中の個々の単語の意味は，巻末に付載した「語彙集」で検索できるようにしてあるので活用していただきたい（特殊な意味で使われている単語についてのみ，奇数ページ下段の注の欄に記した場合がある）。なお，テキスト中のギリシア語やラテン語の人名などの固有名詞のカタカナ表記については，おおむね慣用にしたがった。それは，Platōn プラトーンよりもプラトンのほうが，Homērus ホメールスよりもホメルス（ホメロス）のほうが筆者にとって親しみやすいという単純な理由による。

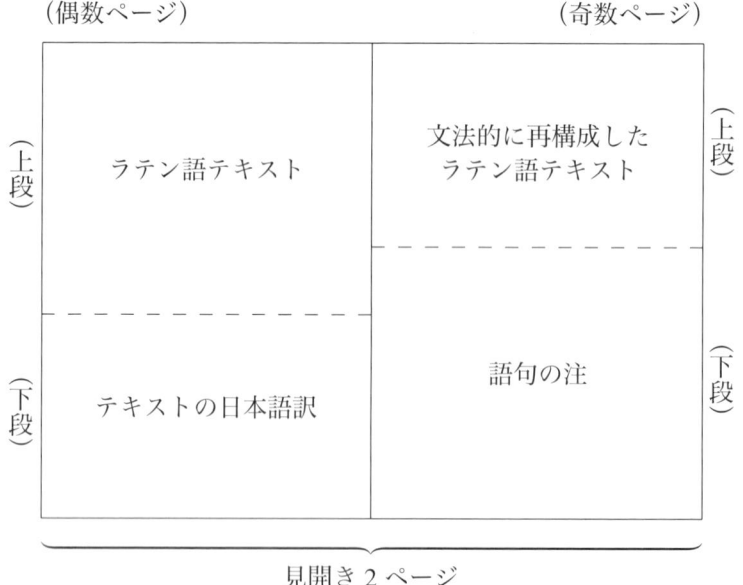

この奇数ページ上段においたテキストについて一言しておこう。詩（韻文）は，散文の場合と違って韻律上の強い制約があるために，文法的に結びついている語どうしであっても，離ればなれの位置におかれていることが少なくない。このテキストは，読者の読解をたすけるために，すべての「長い」母音にしるしをつけてその詩行の韻律を読みとる手がかりを示し，さらに文法的に結びついた語を1つのフレーズにまとめて，意味をとりやすいかたちに再構成して提示したものである。原詩の正確な理解，味読のためには，この韻律を理解することが必要になってくるのだが，ふだん韻律に慣れていない日本の読者にはなかなかむずかしいところがある。そこで，*Tristia* からの3編については，全詩行にわたってその韻律を示しておいたので，これを参考にして韻律に慣れていただきたい。

　上にのべた母音の長短の問題は音節の構成とも深いつながりがあり，それがまた詩の1行の韻律をつくるたいせつな要素となっている。その韻律（詩型）と音節については，巻末の付説(2)「韻律について」にやや詳しい解説を加えたので，それをお読みいただきたい。また，本文「悲しみの歌」のテキストの直後に挿入しておいた上述の「韻律見本」も参照していただきたい。付説としては他に，「詩人オウィディウス」「古代ローマ人の姓名」「古代ローマの神々」についての読物ふうの簡単な解説を加えた。

オウィディウスでラテン語を読む

*

目　次

はじめに iii

　　［地図］オウィディウスの時代の古代ローマ世界
　　　　　（ローマからトミスへ）......................... ix

ラテン語テキスト　　　　　　　　　　　　　　　　１

「悲しみの歌」*Tristia* 2
　　(1) I, 3　ローマとの別れ 2
　　(2) IV, 8　老年 24
　　(3) IV, 10　自伝 34
　　　　　韻律見本（「悲しみの歌」）................... 62

「黒海からの便り」*Ex Pontō* 84
　　(4) I, 4　妻へ 84
　　(5) III, 7　友人たちに 96

「恋の歌」*Amōrēs* 104
　　(6) I, 2　アモルの凱旋 104
　　(7) I, 5　昼下がりの恋 114
　　(8) II, 9–A　恋を終えて 120
　　(9) II, 9–B　再び恋を 126
　　(10) II, 15　指輪 132
　　(11) III, 8　富の横暴 138
　　(12) III, 9　ティブルスの死 152

付説	**169**
(1) 詩人オウィディウス	171
(2) 韻律について	179
(3) 古代ローマ人の姓名	187
(4) 古代ローマの神々	193
読書案内	**202**
語彙集	**205**
あとがき	**243**

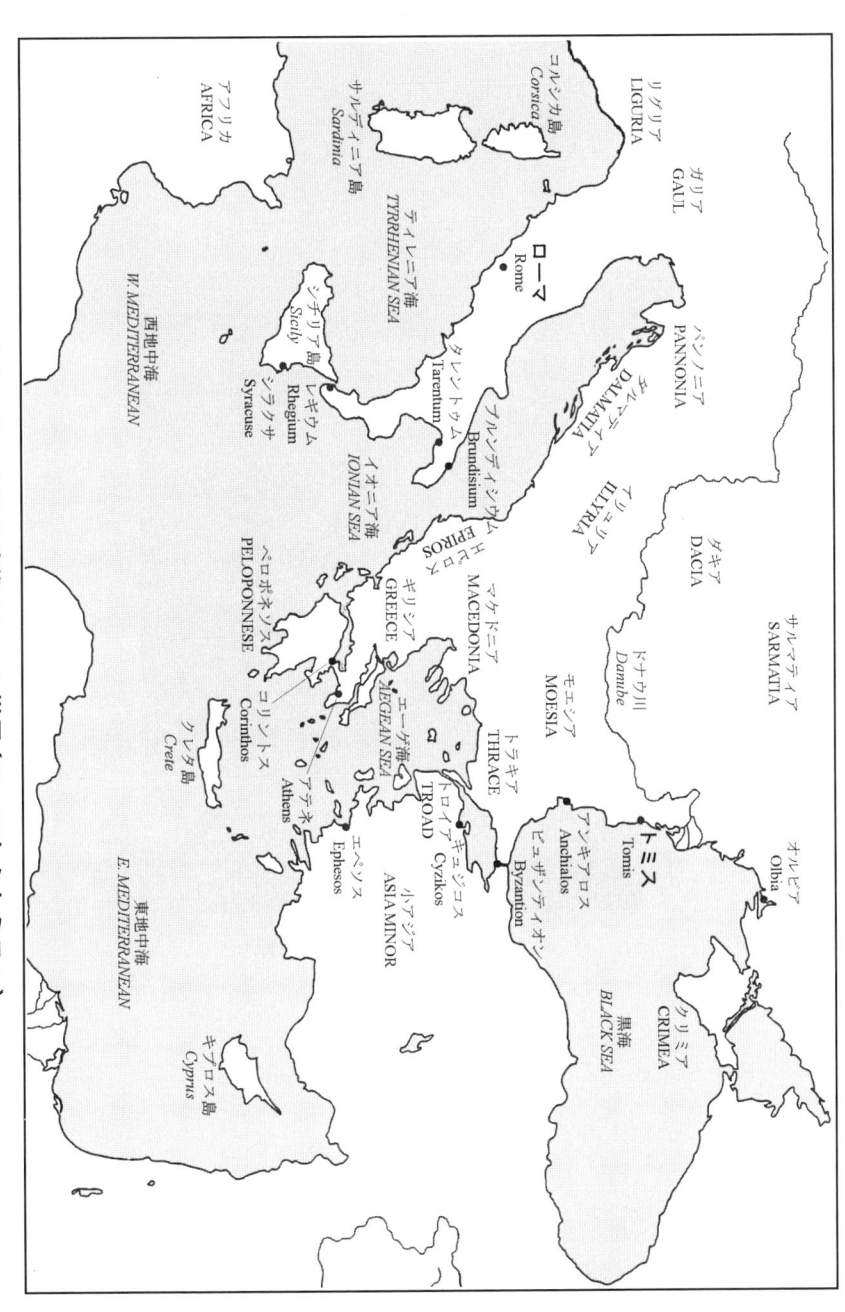

想像のオウィディウス像
（ブラジルの美術作家フェルナンド・ソウザによる）

オウィディウスでラテン語を読む

(1) *Tristia* I, 3　ローマとの別れ

  cum subit illius tristissima noctis imago,
    qua mihi supremum tempus in urbe fuit,
  cum repeto noctem, qua tot mihi cara reliqui,
    labitur ex oculis nunc quoque gutta meis.
5 jam prope lux aderat, qua me discedere Caesar
    finibus extremae jusserat Ausoniae.
  nec spatium nec mens fuerat satis apta parandi:
    torpuerant longa pectora nostra mora.
  non mihi servorum, comites non cura legendi,
10   non aptae profugo vestis opisve fuit.

 あの夜の非常に悲しい姿が思い浮かんでくるとき，その(夜)は私にとってはこの都における最後のときだったのだが，
 その夜を思い起こすときに，それは私が実に多くの私にとって大切なものをあとにした夜のことだが，今もなお私の目から涙のしずくが流れ落ちてくる。
5 すでに朝の光が近づいていた，その日皇帝は最果てのイタリアの国境から私が立ち去るように命令していた。
 もう適切なものを用意するのに十分な心のゆとりもなかった，長いためらいによって私の胸は硬直してしまっていた。
 私には奴隷たちの，また仲間たちを選ぶことの心配はなかった，
10 追われる者にとって適当な衣服や資金へのそれもなかった。

cum illīus noctis tristissima imāgō subit,
    quā mihi suprēmum tempus in urbe fuit.
cum repetō noctem, quā tot mihi cāra relīquī,
    gutta lābitur ex oculīs meīs nunc quoque.
5 jam prope lux aderat, quā mē discēdere Caesar
    jusserat fīnibus extrēmae Ausoniae.
nec spatium nec mens fuerat satis apta parandī;
    torpuerant pectora nostra longā morā.
nōn mihi servōrum, comitēs legendī nōn cūra,
10 profugō aptae vestis opisve nōn fuit.

[語句]

cum illīus noctis tristissima imāgō subit, あの夜の非常に悲しい姿が思い浮かんでくるとき；quā mihi suprēmum tempus in urbe fuit. その(夜)は私にとってはこの都における最後のときだった；nec spatium nec mens fuerat satis apta parandī; もう(旅に)適切なものを用意するのに十分な猶予も心もなかった；torpuerant pectora nostra longā morā. 長いためらいによってわれらが胸は硬直してしまっていた；nōn mihi servōrum, comitēs legendī nōn cūra, 私には奴隷たちの、また仲間たちを選ぶことの心配はなかった；profugō aptae vestis opisve nōn fuit. 追われる者にとって適当な衣服や資金への(心配も)なかった

>   non aliter stupui, quam qui Jovis ignibus ictus
>   vivit et est vitae nescius ipse suae.
>   ut tamen hanc animi nubem dolor ipse removit,
>   et tandem sensus convaluere mei,
> 15   adloquor extremum maestos abiturus amicos,
>   qui modo de multis unus et alter erant.
>   uxor amans flentem flens acrius ipsa tenebat,
>   imbre per indignas usque cadente genas.
>   nata procul Libycis aberat diversa sub oris,
> 20   nec poterat fati certior esse mei.

> 私は茫然自失していた，ユピテルの火に打たれて生きてはいるが自分の生きていることを自分でわからない人と変わりないように。
> しかしこの心の雲を悲しみそれ自体が取り払って，そしてついには私の感覚がよみがえるとすぐに，
> 15 私は去り行く者として悲しむ友に最後に語りかける，その(友)は大勢のなかからわずかに1人また2人であったが。
> 愛する妻はさらにはげしく自ら泣きながら泣いている私を抱いた，なんの咎(とが)もない彼女の頬を伝っていつまでも涙の雨が流れ落ち。
> 娘は遠く離れてリビュアの海岸にいて，そして私の運命を知ることはできなかった。
> 20

nōn aliter stupuī, quam quī Jovis ignibus ictus
    vīvit et est nescius ipse suae vītae.
ut tamen hanc nūbem animī dolor ipse remōvit,
    et tandem sensūs meī convaluēre,
15 adloquor abitūrus extrēmum maestōs amīcōs,
    quī modo dē multīs ūnus et alter erant.
uxor amans flens ācrius ipsa flentem tenēbat,
    per indignās genās imbre usque cadente.
nāta procul sub Libycīs ōrīs dīversa aberat,
20 nec poterat certior esse meī fātī.

[語句]

nōn aliter stupuī, (以下の人と)なんら変わりなく私は自失した；quam quī Jovis ignibus ictus (īcō の完了受動分詞) vīvit et est nescius ipse suae vītae. ユピテルの火に打たれて生きている、そして自分の生きていることを自分の身で知らない人と；ut (ut prīmum) tamen hanc nūbem animī dolor ipse remōvit, しかしこの心の雲を悲しみそれ自体が取り払って；et tandem sensūs meī convaluēre, そしてついには私の感覚がよみがえるとすぐに；adloquor abitūrus extrēmum maestōs amīcōs, 私は立ち去る者として悲しむ友に最後に話しかける；quī modo dē multīs ūnus et alter erant. その(友)はわずかに大勢のなかから1人また2人であった；uxor amans flens ācrius ipsa flentem tenēbat, (私を)愛する妻はさらに激しく自ら泣きながら泣いている私を抱いた；per indignās genās imbre usque cadente (奪格構文). なんの咎もない彼女の頬を伝っていつまでも涙の雨が流れ落ち

quocumque aspiceres, luctus gemitusque sonabant,
   formaque non taciti funeris intus erat.
femina virque meo, pueri quoque funere maerent,
   inque domo lacrimas angulus omnis habet.
25 si licet exemplis in parvis grandibus uti,
   haec facies Trojae, cum caperetur, erat.
jamque quiescebant voces hominumque canumque,
   lunaque nocturnos alta regebat equos.
hanc ego suspiciens et ad hanc Capitolia cernens,
30   quae nostro frustra juncta fuere Lari,

どこをあなたが見ようとも，嘆きとため息の声が響いていた，家の中は声の止むことのない葬式のようであった。
女も男も子供たちもまた私の葬儀に悲しんでいる，家の中ではすべての隅々が涙を流している。
25 もし小さなことに大きな例を用いることが許されるなら，これはトロイアの様相であった，それが攻め取られたときの。
すでにまた人間の，そして犬の声も静まっていた，空高い月が夜の馬を御していた。
私はその(月)を眺めつつ，その(月)明かりにカピトルの丘を見
30   つめつつ，それはわが家に空しく結ばれていたが，

quōcumque aspicerēs, luctūs gemitūsque sonābant,
    formaque nōn tacitī fūneris intus erat.
fēmina virque puerī quoque meō fūnere maerent,
    inque domō angulus omnis lacrimās habet.
25 sī licet exemplīs grandibus in parvīs ūtī,
    haec faciēs Trōjae erat, cum caperētur.
jamque vōcēs hominumque canumque quiescēbant,
    alta lūnaque nocturnōs equōs regēbat.
hanc ego suspiciens et ad hanc Capitōlia cernens,
30   quae nostrō Larī frūstrā juncta fuēre,

[語句]

　　quōcumque aspicerēs, luctūs gemitūsque sonābant, どこをあなたが見ようとも、嘆きとため息の声が響いていた; formaque nōn tacitī fūneris intus erat. 声の止むことのない葬式のさまが家の中にあった; hanc ego suspiciens et ad hanc Capitōlia cernens, 私はその（月）を眺めつつ、その（月）明かりにカピトルの丘を見つめつつ; quae nostrō Larī frūstrā juncta fuēre, それはわれらが家に（神の守りも）空しく結ばれていたが

(1) *Tristia* I, 3　ローマとの別れ

"numina vicinis habitantia sedibus," inquam,
　　"jamque oculis numquam templa videnda meis,
dique reliquendi, quos urbs habet alta Quirini,
　　este salutati tempus in omne mihi.
35　et quamquam sero clipeum post vulnera sumo,
　　attamen hanc odiis exonerate fugam,
caelestique viro, quis me deceperit error,
　　dicite, pro culpa ne scelus esse putet,
ut quod vos scitis, poenae quoque sentiat auctor.
40　　placato possum non miser esse deo."

　私は言う，近隣の座に住まう神霊たちよ，そしてまた私の目に
　　よってもはや2度と見られるはずのない神殿よ，
　そしてクウィリヌスの高い都がもっている，後に残されることに
　　なる神々よ，私の永遠の別れの挨拶を受けよ。
35　あまりに遅く，私は傷のあとに盾をとるのだけれども，それでも
　　しかしこの追放を憎しみ（という重荷）から解き放ち給え。
　あなたたちは天上の人（アウグストゥス）に言うがよい，いかなる
　　過ちが私をあざむいたのか，過ちを罪とその人が考えないよ
　　うに，
　あなたたちが知っていることを，処罰を下した人も感じるよう
40　　に。神なる人が怒りを鎮めるのなら私は不幸ではありえな
　　い，と。

      inquam, "nūmina habitantia vīcīnīs sēdibus,"
            jamque oculīs meīs numquam templa videnda,
      dīque relinquendī, quōs urbs alta Quirīnī habet,
            este salūtātī mihī in omne tempus.
35   et quamquam sērō clipeum post vulnera sūmō,
            attamen hanc fugam odiīs exonerāte,
      caelestīque virō dīcite, quis error mē
            dēcēperit, nē prō culpā scelus esse putet,
      ut quod vōs scītis, poenae auctor quoque sentiat.
40   plācātō deō possum nōn miser esse.

[語句]

inquam, "nūmina habitantia vīcīnīs sēdibus"（場所の奪格）, 私は言う, 近隣の座に住まう神霊たちよ；jamque oculīs meīs numquam templa videnda, また私の目によってもはや2度と見られるはずのない神殿よ；dīque relinquendī, quōs urbs alta Quirīnī habet, クウィリヌス（ロムルス）の高き都（ローマ）が保持している，（私が）後にしなければならない神々よ；este salūtātī mihī in omne tempus. 挨拶がされてあれ（さようなら），私にとって永遠に（別れとなる）；et quamquam sērō clipeum post vulnera sūmō, あまりに遅く，私は傷のあとに盾をとるのだけれども；attamen hanc fugam odiīs exonerāte, それでもしかしこの追放を憎しみ（の重み）から開放せよ，caelestī virō dīcite, quis error mē dēcēperit（接続法完了形）, 天上の人（アウグストゥス）に言うがよい，いかなる過ちが私をあざむいたのか；nē prō culpā scelus esse putet, 過失の代わりに犯罪であるとその人が考えないように；ut quod vōs scītis, poenae auctor quoque sentiat. あなたたち（神々）が知っていることを，処罰を下した人も感じるように；plācātō deō（奪格構文）possum nōn miser esse.「神なる人が怒りを鎮めるのなら私は不幸ではありえない」

hac prece adoravi superos ego, pluribus uxor,
　　singultu medios impediente sonos.
illa etiam ante Lares passis adstrata capillis
　　contigit extinctos ore tremente focos,
45　multaque in adversos effudit verba Penates
　　pro deplorato non valitura viro.
jamque morae spatium nox praecipitata negabat,
　　versaque ab axe suo Parrhasis Arctos erat.
quid facerem? blando patriae retinebar amore,
50　　ultima sed jussae nox erat illa fugae.

　この祈りで私は神々に祈願した，妻はさらに多くの(祈り)によって，すすり泣きが間の声を妨げたりして。
　彼女は家神のまえで髪を振り乱し身をなげだして火の消えた竈(かまど)に震える口で触れ，
45　多くの言葉を眼のまえの家の守護神に浴びせた，嘆かれている夫のためにはなんの役にもたたないであろう(言葉)を。
　すでにまたひたすら急ぐ夜はためらいの時を許さなかった，自分の極からパッラシアの大熊座は回っていた。
　私はどうしたらよかったのか，故郷への優しい愛によって私は引
50　き止められていた，しかしあの夜は命じられた追放にたいして最後の(夜)だった。

hāc prece adōrāvī ego superōs, plūribus uxor,
  singultū impediente mediōs sonōs.
illa etiam ante Larēs adstrāta passīs capillīs
  contigit extinctōs focōs ōre tremente,
45 multaque verba in adversōs Penātēs effūdit
  prō dēplōrātō virō nōn valitūra.
jamque morae spatium nox praecipitāta negābat,
  ab axe suō Parrhasis Arctos versaque erat.
quid facerem? blandō amōre patriae retinēbar,
50 sed ultima nox illa jussae fugae erat.

[語句]

　hāc prece adōrāvī ego superōs, plūribus uxor, この祈りで私は神々に祈願した，妻はさらに多くの（祈りに）よって；singultū impediente mediōs sonōs（奪格構文）. すすり泣きが間の声を妨げたりして；illa etiam ante Larēs adstrāta passīs capillīs 彼女は家神の前でかみを振り乱し身をなげだして；contigit extinctōs focōs ōre tremente, 消えた竈(かまど)に震える口で触れ；multaque verba in adversōs Penātēs effūdit 多くの言葉を眼のまえの家の守護神に浴びせた；prō dēplōrātō virō nōn valitūra. 嘆かれている夫のためにはなんの役にもたたないであろう（言葉）を；jamque morae spatium nox praecipitāta negābat, すでにまたためらいの時を，ひたすら急ぐ夜は許さなかった；ab axe suō Parrhasis Arctos versaque erat. 自分の極（北極星）からパッラシア（アルカディアの地方）の大熊座（アルカディアのニンフ，あるいは王女のカリストは，ゼウスに愛され，その妻のヘラ，あるいはアルテミスによって熊に変えられたが，のちに大熊座になる）は回っていた（朝が近いということ）

a! quotiens aliquo dixi properante "quid urgues?
　　　　　vel quo festinas ire, vel unde, vide."
　　　a! quotiens certam me sum mentitus habere
　　　　　horam, propositae quae foret apta viae.
55　ter limen tetigi, ter sum revocatus, et ipse
　　　　　indulgens animo pes mihi tardus erat.
　　　saepe "vale" dicto rursus sum multa locutus,
　　　　　et quasi discedens oscula summa dedi.
　　　saepe eadem mandata dedi meque ipse fefelli,
60　　　respiciens oculis pignora cara meis.

　　ああ，だれかが急いでいるときにどれほどしばしば私は言ったことか，なぜあなたはせきたてるのか，どこへ，あるいはどこから，あなたは行こうと急いでいるのか，考えてみるがよい。
　　ああ，どれほどしばしば私は自分を欺いたことか，予定された道に適当だろうと思われる確かな時間をもっていると。
55　3度私は敷居にふれた，3度私は呼び返された，そして足自身は私の心に従ってぐずぐずしていた。
　　いくどもさよならといってから，また私は多くのことを語った，そしてあたかも立ち去ろうとするように最後の接吻をあたえた。
　　いくども私は同じ指図をあたえて，そして自分で自分を欺いた，
60　　自分の目で親しい人質を振り返りつつ。

ā! quotiens aliquō properante dīxī "quid urguēs?
　　　vel quō festīnās īre, vel unde, vidē."
ā! quotiens mentītus sum mē certam hōram
　　　habēre, quae prōpositae viae apta foret.
55　ter līmen tetigī, ter sum revocātus, et ipse
　　　pēs indulgens mihi animō tardus erat.
saepe "valē" dictō rursus multa sum locūtus,
　　　et quasi discēdens oscula summa dedī.
saepe eadem mandāta dedī mēque ipse fefellī,
60　　respiciens oculīs meīs pignora cāra.

[語句]

ā! quotiens aliquō properante dīxī "quid urguēs? ああ，だれかが急いでいるときにどれほどしばしば私は言ったことか，なぜあなたは（私を）せきたてるのか；vel quō festīnās īre, vel unde, vidē" どこへ，あるいはどこから，あなたは行こうと急いでいるのか，考えてみるがよい；ā! quotiens mentītus sum mē certam hōram habēre ああ，どれほどしばしば私は自分を欺いたことか，確かな時間をもっていると；quae prōpositae viae apta foret (=esset). 予定された（旅の）道に適当であろうところの（時間を）；saepe "valē" dictō(mē) rursus sum multa locūtus, いくどもさよならがいわれてから，また私は多くのことを語った；et quasi discēdens oscula summa dedī. そしてあたかも立ち去ろうとするように最後の接吻をあたえた；saepe eadem mandāta dedī mēque ipse fefellī, いくども私は同じ指図をあたえて，そして自分で自分を欺いた；respiciens oculīs meīs pignora cāra. 自分の目で親しい人質（妻や友人）を振り返りつつ

denique "quid propero? Scythia est, quo mittimur." in-
quam,
  "Roma relinquenda est. utraque justa mora est.
uxor in aeternum vivo mihi viva negatur,
65 et domus et fidae dulcia membra domus,
quosque ego dilexi fraterno more sodales,
  o mihi Thesea pectora juncta fide!
dum licet, amplectar: numquam fortasse licebit
  amplius. in lucro est quae datur hora mihi."
70 nec mora, sermonis verba imperfecta relinquo,
  complectens animo proxima quaeque meo.

 ついに私は言う，なぜ私は急ぐのか，私が送られるのはスキティ
  アだ，ローマはあとにしなければならない。ためらうのはど
  ちらも当然だ。
 妻は生きていても，生きている私に永遠に拒まれている，そして
  家も，また信頼する家の親しい人々も，
65 そして私が兄弟のように愛した仲間たちも，おお，テーセウスの
  ような忠実さで私に結ばれている心よ。
 許されている間に私は抱きしめよう，これからはおそらくこれ以
  上許されないだろう。私にあたえられている時間は有益だ。
 ぐずぐずしてはいられない，話の終わらない言葉を私はあとに残
70 していく，私の心にこよなくいとしいものひとつひとつを抱
  きしめながら。

dēnique inquam, "quid properō? Scythia est, quō mittimur,
　　Rōma relinquenda est, utraque justa mora est.
uxor vīva mihi vīvō in aeternum negātur,
　　et domus et dulcia membra fīdae domūs,
65　sodālēs quōsque ego dīlexī frāternō mōre,
　　ō Thēsēā fidē mihi juncta pectora!
dum licet, amplectar: numquam fortasse licēbit
　　amplius. in lucrō hōra quae mihī datur."
nec mora, sermōnis verba imperfecta relinquō,
70　complectens quaeque animō meō proxima.

[語句]

　　dēnique inquam, "quid properō? Scythia est, quō mittimur, ついに私は言う、なぜ私は急ぐのか、われらが送られるのはスキティアだ；Rōma relinquenda est. utraque justa mora est. ローマはあとに残されねばならない。(行くにしろ去るにしろ) どちらもためらって当然だ；uxor vīva mihi vīvō in aeternum negātur, 妻は生きていても、生きている私にとって永遠に拒まれている；et domus et dulcia membra fīdae domūs, そして家も、また信頼する家の親しい人々も；sodālēs quōsque ego dīlexī frāternō mōre, 私が兄弟のように愛した仲間たちも；ō Thēsēā fidē mihi juncta pectora! おお、テーセウス (とペイリトオスの友情) のような忠実さで私に結ばれている心よ；dum licet amplectar: numquam fortasse licēbit amplius. 許されている間に私は抱きしめよう。。これからはおそらくこれ以上許されないだろう；in lucrō est hōra quae mihī datur. 私に与えられている時間は有益である

(1) *Tristia* I, 3　ローマとの別れ

　　　dum loquor et flemus, caelo nitidissimus alto,
　　　　　stella gravis nobis, Lucifer ortus erat.
　　　dividor haud aliter, quam si mea membra relinquam,
　　　　　et pars abrumpi corpore visa suo est.
75　　sic doluit Mettus tunc cum in contraria versos
　　　　　ultores habuit proditionis equos.
　　　tum vero exoritur clamor gemitusque meorum,
　　　　　et feriunt maestae pectora nuda manus.
　　　tum vero conjunx umeris abeuntis inhaerens
80　　　　miscuit haec lacrimis tristia verba meis:

　　私が話し，そして我々が泣いている間に，高い空に輝き渡る明けの明星，我々にとっては重苦しい星が昇った。
　　私の身は引き裂かれる，私が自分の手足をあとに残す場合とまったく変わらないように，そして身体の一部が自分の身体から引き離されるように思われた。
75　このようにメットゥスは苦しんだのだ，裏切りの復讐者として逆の向きに向かった馬を彼がもった，そのときに。
　　そのとき本当に私の関係する人たちの叫びと嘆きの声が巻き起こり，そして悲しみの手が裸の胸を打つ。
　　そのとき本当に妻が去り行こうとしている者の肩にすがりつきな
80　　がら，私の涙にこの悲しみの言葉を混ぜた。

dum loquor et flēmus, caelō altō nitidissimus
    Lūcifer, stella gravis nōbis, ortus erat.
dīvidor haud aliter, quam sī mea membra relinquam,
    et pars abrumpī suō corpore vīsa est.
75 sīc doluit Mettus tunc cum in contrāria versōs
    equōs ultōrēs prōditiōnis habuit.
tum vērō exoritur clāmor gemitusque meōrum,
    et feriunt maestae manūs pectora nūda.
tum vērō conjunx umerīs abeuntis inhaerens
80   miscuit haec tristia verba lacrimīs meīs.

[語句]

dīvidor haud aliter, quam sī mea membra relinquam, 私の身は引き裂かれる、私が自分の手足をあとに残す場合とまったく変わらないように；et pars abrumpī suō corpore vīsa est. そして（体の）一部が自分の体から引き離されるように思われた；sīc doluit Mettus このように（アルバ人の王、ローマ人への裏切りの罪で逆方向を向いて走る2台の馬車により引き裂かれた）メットゥスは苦しんだ；tunc cum in contrāria (in contrariās partēs) versōs equōs ultōrēs prōditiōnis habuit. 裏切りの復讐者として逆の向きに向かった（2頭の）馬を彼がもった、そのときに；tum vērō conjunx umerīs abeuntis inhaerens そのとき本当に妻が去り行こうとしている者の肩にすがりつきながら；miscuit haec tristia verba lacrimīs meīs: 私の涙にこの悲しみの言葉を混ぜた

(1) *Tristia* I, 3　ローマとの別れ

"non potes avelli. simul hinc, simul ibimus," inquit,
　　"te sequar et conjunx exulis exul ero.
et mihi facta via est, et me capit ultima tellus:
　　accedam profugae sarcina parva rati.
85　te jubet e patria discedere Caesaris ira,
　　me pietas. pietas haec mihi Caesar erit."
talia temptabat, sicut temptaverat ante,
　　vixque dedit victas utilitate manus.
egredior, sive illud erat sine funere ferri,
90　squalidus inmissis hirta per ora comis.

あなたは引き離されることはできません，一緒にここから，一緒にわたしたちは行くのです，私はあなたについていき，そして追放を受けた者の妻として追放者となります，と言った。
私にも道は作られていますし，また最果ての地が私を受け入れます。私は亡命者の船に小さな荷物として乗るつもりです。
85　あなたが祖国から立ち去るように皇帝の怒りが命じています。私には夫婦の情愛が（命じている）。この情愛が私には皇帝となるでしょう，と。
このようなことを彼女は試みた，以前に試みたように，そしてやっとのことで私のために役立つことに納得した。
私は立ち去るのだ，あるいはそれは葬儀なしに（死者として）運び
90　出されることだったか，汚らしく，顔中ひげだらけで髪は長く伸ばしたままで。

"nōn potes āvellī. simul hinc, simul ībimus," inquit,
　　"tē sequar et conjunx exulis exul erō.
　et mihi facta via est, et mē capit ultima tellūs:
　　accēdam profugae ratī sarcina parva.
85　tē discēdere ē patriā jubet Caesaris īra,
　　mē pietās. haec pietās mihi Caesar erit."
　tālia temptābat, sīcut temptāverat ante,
　　vixque dedit victās manūs ūtilitāte.
　ēgredior, sīve illud erat sine fūnere ferrī,
90　　squālidus inmissīs comīs per hirta ōra.

[語句]

　accēdam（接続法，意志）profugae ratī sarcina parva. 私は亡命者の船に小さな荷物として乗るつもりです；tē discēdere ē patriā jubet Caesaris īra, mē pietās. あなたが祖国から立ち去るように皇帝の怒りが命じています．私には夫婦の情愛が（命じている）．；haec pietās mihi Caesar erit." この情愛は私には皇帝となるでしょう，と；tālia temptābat, sīcut temptāverat ante, このようなことを彼女は試みた，以前に試みたように；vixque dedit victās manūs ūtilitāte. その（ローマに留まり夫の帰国をうながすようにというすすめの）利（を考えること）によって征服された手をやっとあたえた（納得した）；ēgredior, sīve illud erat sine fūnere ferrī, 私は立ち去るのだ，あるいはそれは葬儀なしに（死者として）運び出されることだったか；squālidus inmissīs comīs per hirta ōra. 汚らしく，顔中ひげだらけで髪は長く伸ばしたままで
　88. manūs dare「敗北を認める，降伏する」

illa dolore amens tenebris narratur obortis
    semianimis media procubuisse domo,
utque resurrexit foedatis pulvere turpi
    crinibus et gelida membra levavit humo,
95 se modo, desertos modo complorasse Penates,
    nomen et erepti saepe vocasse viri,

　彼女は悲しみによって気も狂って暗闇の立ち上るなかを，半死半生で家の真ん中に倒れていたといわれる。
　そして彼女が汚れた埃で汚くなった髪の毛のまま再び立ち上がり，そして冷たい大地からその手足を上げたときに，
95　彼女は大声で自分自身を，はたまた見捨てられた家の守護神を嘆き，そして奪い取られた夫の名前をいくどもよんだ（といわれる），

```
   illa dolōre āmens tenebrīs obortīs narrātur
       sēm(i)animis mediā domō prōcubuisse,
   utque resurrexit foedātīs crīnibus pulvere
       turpī et gelidā humō membra levāvit,
95 sē modo, dēsertōs Penātēs modo complōrāsse,
       et nōmen ēreptī virī saepe vocāsse,
```

[語句]

illa dolōre āmens tenebrīs obortīs 彼女は悲しみによって気も狂って暗闇の立ち上るなかを；narrātur sēm(i)animis mediā domō prōcubuisse, 半死半生で家の真ん中に倒れていたといわれる；utque resurrexit foedātīs crīnibus pulvere turpī そして彼女が汚れたほこりで汚くなった髪の毛のまま再び立ち上がり；et gelidā humō membra levāvit, そして冷たい大地からその手足をあげたときに；sē modo, dēsertōs Penātēs modo complōrāsse (complōrāvisse), 彼女は大声で自分自身を、はたまた見捨てられた家の守護神を嘆いたり；et nōmen ēreptī virī saepe vocāsse (vocāvisse), そして奪い取られた夫の名前をいくどもよんだ（といわれる）

nec gemuisse minus, quam si nataeque virique
　　vidisset structos corpus habere rogos,
et voluisse mori, moriendo ponere sensus,
100　　respectuque tamen non periisse mei.
vivat, et absentem, quoniam sic fata tulerunt,
　　vivat ut auxilio sublevet usque suo.

　そして彼女は嘆き悲しんだ(といわれる)，あたかも娘と夫の身体を積み重ねられた火葬の薪の山が横たえているのを見たかのように，
　そして彼女は死ぬことを望み，死ぬことによって感情を葬ってし
100　　まおうと望んだが，それでもなお私のことを顧慮して死ななかった(といわれる)。
　彼女は生きていけ，そして運命がこのようにもたらしたのだから，生きていけ，離れている(私)をその援助によっていつまでも支えていくために。

nec gemuisse minus, quam sī nātaeque virīque
　　corpus structōs rogōs habēre vīdisset,
et voluisse morī, moriendō pōnere sensūs,
100　　respectūque meī tamen nōn periisse.
vīvat, et quoniam sic fāta tulērunt, vīvat
　　ut absentem auxiliō suō usque sublevet.

[語句]

　nec gemuisse minus, quam sī nātaeque virīque corpus そしてそれに劣らず彼女は嘆き悲しんだ（といわれる），あたかも娘と夫の身体を；structōs rogōs habēre vīdisset, 積み重ねられた火葬の薪の山が横たえているのを見たのに（劣らず）；et voluisse morī, moriendō pōnere sensūs, そして彼女は死ぬことを望み，死ぬことによって感情を葬ってしまおうとしたが；respectū meī（代名詞 属格）tamen nōn periisse. しかもなお，私のことを顧慮して死ななかった（といわれる）；vīvat（接続法，要求），et quoniam sic fāta tulērunt, 彼女は生きていけ，そして，運命がこのようにもたらしたのだから；vīvat ut absentem auxiliō suō usque sublevet. 生きていけ，離れている者（私）をその援助によっていつまでも支えていくために

166～168ページの**[*Tristia* I, 3 への補注] (1) (2)** も参照。

(2) *Tristia* IV, 8　老年

  jam mea cycneas imitantur tempora plumas,
    inficit et nigras alba senecta comas.
  jam subeunt anni fragiles et inertior aetas,
    jamque parum firmo me mihi ferre grave est.
5 nunc erat, ut posito deberem fine laborum
    vivere, me nullo sollicitante metu,
  quaeque meae semper placuerunt otia menti
    carpere et in studiis molliter esse meis,
  et parvam celebrare domum veteresque Penates
10   et quae nunc domino rura paterna carent,

  すでにわがこめかみは白鳥の羽に似て，そして白い老年が黒い髪を染めている。
  すでに弱弱しい年月と働きを失っていく年齢が忍びよってくる，すでにまたあまりにわずかな力しかもたなくなった私には自分を支えることが難しい。
5 今こそ(以下のようにするべき)ときだった，苦労に終わりをきめて私は生きるべきであり，いかなる恐れも私を悩ますことなく，
  私の心にいつも好ましかった閑暇を楽しみ，そして私の好きな仕事にゆったりと浸り，
  そして小さな家にその古い守護神とともに住まい，そして今は主
10 を欠いている父祖伝来の田園の地に(住まい)，

    jam mea tempora cycnēās plūmās imitantur,
        inficit et alba senecta nigrās comās.
    jam subeunt annī fragilēs et inertior aetās,
        jamque parum firmō mihi mē ferre grave est.
5   nunc erat, ut positō fīne labōrum vīvere
        dēbērem, mē sollicitante nullō metū,
    ōtia quaeque meae mentī semper placuērunt
        carpere et in studiīs meīs molliter esse,
    et parvam domum veterēsque Penātēs celebrāre
10   et rūra paterna quae nunc dominō carent,

[語句]

  inficit et alba senecta nigrās（韻律は － －）comās. そして白い老年が黒い髪を染めている；jamque parum firmō mihi mē ferre grave est. すでにまた確かな力をほとんどなくした私には自分を支えることが難しい；nunc erat, ut positō fīne labōrum vīvere dēbērem, 今こそ～するときだった，苦労に終わりをきめて私は生きるべきだし；mē sollicitante nullō metū（奪格構文），いかなる恐れも私を悩ますことなく；ōtia quaeque meae mentī semper placuērunt carpere 私の心にいつも好ましかった閑暇を楽しみ；et in studiīs meīs molliter esse, そして私の好きな仕事にゆったりと浸り；et parvam domum veterēsque Penātēs celebrāre そして小さな家に古い守護神とともに住まい；et rūra paterna quae nunc dominō carent, そして今は主を欠いている父祖伝来の田園の地に（住まい）

  6. sollicitō「つらい思いで悩ます」；9. celebrō「足しげく出入りする，住まう」

inque sinu dominae carisque sodalibus inque
      securus patria consenuisse mea.
haec mea sic quondam peragi speraverat aetas:
      hos ego sic annos ponere dignus eram.
15 non ita dis visum est, qui me terraque marique
      actum Sarmaticis exposuere locis.
in cava ducuntur quassae navalia puppes,
      ne temere in mediis dissoluantur aquis.
ne cadat et multas palmas inhonestet adeptus,
20   languidus in pratis gramina carpit equus.

そして妻の胸に，また親しい友人たちのなかで，またわが祖国で平穏に年を重ねていく（べきときだった）。

この私の生涯はこのように過ごされることをかつては希望したものだった。これらの歳月を私はこのように費やすにふさわしかった。

15 神々にはそのようには思われなかった，（神々は）陸に海に連れまわされた私をサルマティアの地域に放り出した。

打ち砕かれた船は，海の真ん中ででたらめに解体されないようにと，空の船渠にひいていかれる。

多くの棕櫚を獲得しても，倒れてその名誉を傷つけることのない
20   ようにと，弱った馬は草原で草を食べている。

inque sinū dominae cārīsque sodālibus inque
    patriā meā sēcūrus consenuisse.
haec mea aetās sīc quondam peragī spērāverat:
    hōs annōs ego sīc pōnere dignus eram.
15 nōn ita dīs vīsum est, quī mē terrāque marīque
    actum Sarmaticīs locīs exposuēre.
in cava nāvālia quassae puppēs dūcuntur,
    nē temere in mediīs aquīs dissoluantur.
nē cadat et multās palmās adeptus inhonestet,
20   languidus equus in prātīs grāmina carpit.

[語句]

inque sinū dominae cārīsque sodālibus そして妻の胸にまた親しい友人たちのなかで；inque patriā meā sēcūrus consenuisse. またわが祖国で平和に年をかさねていく（べきときだった）；haec mea aetās sīc quondam peragī spērāverat; このようにこの私の生涯が過ごされることをかつては希望したものだった；nōn ita dīs (=deīs, deus の複数与格) vīsum est, そのようには神々には思われなかった；quī mē terrāque marīque actum Sarmaticīs locīs exposuēre (expōnō の完了形). （神々は）陸に海に連れまわされた私をサルマティアの地域に放り出した；nē cadat et multās palmās adeptus (ad-ipiscor) inhonestet (接続法), 倒れて、そして多くの（勝利の栄冠である）棕櫚を獲得した（馬）がその栄光を傷つけることのないようにと；languidus（韻律は ‒ ◡ ◡）equus in prātīs grāmina carpit. 弱った馬は草原で草を食べている

(2) *Tristia* IV, 8　老年

    miles ubi emeritis non est satis utilis annis,
        ponit ad antiquos, quae tulit, arma Lares.
    sic igitur, tarda vires minuente senecta,
        me quoque donari jam rude tempus erat.
25 tempus erat nec me peregrinum ducere caelum,
        nec siccam Getico fonte levare sitim,
    sed modo, quos habui, vacuos secedere in hortos,
        nunc hominum visu rursus et urbe frui.
    sic animo quondam non divinante futura
30   optabam placide vivere posse senex.

　　兵士は任期満了で十分には役に立たなくなると，彼がつけていた武具を古い家の守護神のもとに置く。
　　そこでこのようにゆっくりとくる老年が力を減らしていくので，私もまたすでに剣闘士のうける名誉の木刀が贈られるときであった。
25　私は異国の空気を吸ったり，またゲタエ族の泉で乾いた喉の渇きを癒したりしないで，
　　今は私がもっていた人気のない庭にひきこもり，今こそ人々との再会を，そして都を楽しむべき時であった。
　　このようにかつては心は未来を予知できないまま，老年にはしず
30　　かに生活できるように望んでいた。

```
       ubi mīles ēmeritīs annīs nōn est satis ūtilis,
           pōnit arma, quae tulit, ad antīquōs Larēs.
       sīc igitur, tardā senectā vīrēs minuente,
           mē quoque dōnārī rude jam tempus erat.
25     tempus erat nec mē peregrīnum caelum dūcere,
           nec siccam sitim Geticō fonte levāre,
       sed modo, in hortōs vacuōs, quōs habuī, sēcēdere,
           nunc hominum vīsū rursus et urbe fruī.
       sīc animō quondam nōn dīvīnante futūra
30         optābam senex placidē vīvere posse.
```

[語句]

sīc igitur, tardā senectā vīrēs minuente (奪格構文), そこでこのようにゆっくりとくる老年が力を減らしていくので, mē quoque dōnārī rude jam tempus erat. 私もまたすでに(引退のしるしである)剣闘士がうける名誉の木刀を贈られるときであった；tempus erat nec mē peregrīnum caelum dūcere, 私は異国の空気を吸ったりせずに(〜する)ときであった；nec siccam sitim Geticō fonte levāre, またゲタエ族の泉で乾いた渇きを癒したりしないで；sed modo, in hortōs vacuōs, quōs habuī, sēcēdere, 今は私がもっていた人気のない庭園にひきこもり；nunc hominum vīsū rursus et urbe fruī. 今こそ人々との再会を, また都を楽しむべき(ときであった)

24. dōnō「〜に(人, 対格)/〜を(物, 奪格)贈る」; 25. caelum dūcō「空気を吸う」

(2) *Tristia* IV, 8　老年

```
     fata repugnarunt, quae, cum mihi tempora prima
         mollia praebuerint, posteriora gravant.
     jamque decem lustris omni sine labe peractis,
         parte premor vitae deteriore meae;
35   nec procul a metis, quas paene tenere videbar,
         curriculo gravis est facta ruina meo.
     ergo illum demens in me saevire coegi,
         mitius inmensus quo nihil orbis habet?
     ipsaque delictis victa est clementia nostris,
40       nec tamen errori vita negata meo est?
```

　運命はそれに反対した，人生のはじめはおだやかな時代を私に提供してくれたが，晩年は重荷を負わせている。

　すでにまた 50 年なんの不名誉なこともなく過ごされてきたが，（今は）わが人生の好ましくない局面に苦しめられている。

35　ほとんどとらえられると思われていた終着点から遠くないところで，私の馬車に大きな倒壊がおこってしまった。

　だから私は気が狂って，あの方が私にたいしてどうしても激怒するようにさせてしまったのか，果てしなく広い世界があの方よりも寛大ななにものももっていない（というその方を）。

　そして慈悲の心そのものも私の過失によって打ち負かされてし

40　まったが，それでもなお私の過ちによって命までは否定されなかったのか。

fāta repugnārunt, quae posteriōra gravant,
  cum mihi prīma tempora mollia praebuerint.
jamque decem lustrīs peractīs sine omnī lābe,
  parte dēteriōre meae vītae premor;
35 nec procul ā mētīs, quās paene tenēre vidēbar,
  curriculō meō est facta gravis ruīna.
ergō dēmens illum in mē saevīre coēgī,
  quō mītius nihil inmensus orbis habet?
ipsaque clēmentia dēlictīs nostrīs victa est,
40 nec tamen errōrī meō vīta negāta est?

[語句]

fāta repugnārunt (= repugnāvērunt), 運命はそれに反対した；quae posteriōra gravant, cum mihi prīma tempora mollia praebuerint (接続法完了形, 譲歩). それは人生のはじめは穏やかな時代を与えてくれたが、晩年は重荷を負わせている；jamque decem lustrīs peractīs sine omnī lābe (奪格構文), すでにまた50年なんの不名誉なこともなく過ごされてきたが；parte dēteriōre meae vītae premor; わが人生の好ましくない局面に苦しめられている；ergō dēmens illum in mē saevīre coēgī, だから私は気が狂って, あの方が私にたいしてどうしても激怒するようにさせてしまったのか；(illum) quō mītius nihil inmensus orbis habet? 無限の世界があの方よりも寛大ないかなるものももっていない（というその方を）；ipsaque clēmentia dēlictīs nostrīs victa est, そして（あの方の）慈悲の心そのものも我々の過失によって打ち負かされてしまったが；nec tamen errōrī (= errōre) meō vīta negāta est? それでもなお私の過ちよって命までは否定されなかったのか

vita procul patria peragenda sub axe Boreo,
　　qua maris Euxini terra sinistra jacet.
haec mihi si Delphi Dodonaque diceret ipsa,
　　esse videretur vanus uterque locus.
45　nil adeo validum est, adamas licet alliget illud,
　　ut maneat rapido firmius igne Jovis;
nil ita sublime est supraque pericula tendit
　　non sit ut inferius suppositumque deo.
nam quamquam vitio pars est contracta malorum,
50　　plus tamen exitii numinis ira dedit.
at vos admoniti nostris quoque casibus este,
　　aequantem superos emeruisse virum.

　祖国を遠くはなれてボレアス（北風）の地にずっと過ごさねばならない，黒海の左側の地がひろがるところで。
　もしデルフィ（アポロ神の神託所）やドドナ（エピルスにあるユピテル神の神託所）自らがこのことを私にいったとしても，どちらの（神託の）地も信用できないものと思われただろう。
45　たとえ鋼鉄がそれをつないでいようとも，ユピテルのすばやい電光にさらに強固にふみとどまれるほど，なにものもそれほどまでに強くはない。
　なにかがどれほど高く，また危険を超えて伸びるとはいえ，神よりは下で，また神に従属する。
　なぜなら過失によって不幸の一部が引き起こされたとはいえ，そ
50　れでも神意の怒りはさらなる破滅をあたえたからだ。
　しかし君たちも私の不幸からお気づきあれ，神々にも等しいあのお方に尽くして好意をうるようにすることを。

vīta procul patriā peragenda sub axe Boreō,
    quā maris Euxīnī terra sinistra jacet.
sī Delphī Dōdōnaque ipsa haec mihi dīceret,
    uterque locus vānus esse vidērētur.
45 nīl adeō validum est, licet adamās alliget illud,
    ut maneat firmius rapidō igne Jovis;
nīl ita sublīme est suprāque perīcula tendit
    ut nōn sit inferius suppositumque deō.
nam quamquam vitiō pars malōrum contracta est,
50   tamen nūminis īra plūs exitiī dedit.
at vōs quoque admonitī este nostrīs cāsibus,
    aequantem superōs virum ēmeruisse.

[語句]

sī Delphī Dōdōnaque ipsa haec mihi dīceret, もしデルフィやドドナ（ともにギリシアの神託で名高い神殿）自らがこのことを私にいったとしても；uterque locus vānus esse vidērētur. どちらの（神託の）地も信用できないものと思われただろう（ともに動詞は接続法未完了，意味は過去における反対の仮定）；nīl adeō validum est, licet adamās alliget illud, なにものもそれほどまでに強くはない，たとえ鋼鉄がそれをつないでいようとも；ut maneat firmius rapidō igne Jovis; ユピテルのすばやい電光にさらに強固に踏みとどまれるほど（それほどに）；nīl ita sublīme est suprāque（韻律は －－∪）perīcula tendit なにものもそれほど高くはないし，また危険をこえて伸びはしない；ut nōn sit inferius suppositumque deō. 神より下になく，また従属しないほど（それほどに）；at vōs quoque admonitī este nostrīs cāsibus, しかし君たちもわれらが不幸から気づかせられてあれ；aequantem superōs virum ēmeruisse. 神々にも等しいあのお方（アウグストゥス）に尽くして好意をうるようにすることを

(3) *Tristia* IV, 10　自伝

  ille ego qui fuerim, tenerorum lusor amorum,
    quem legis, ut noris, accipe posteritas.
  Sulmo mihi patria est, gelidis uberrimus undis,
    milia qui novies distat ab urbe decem.
5 editus hic ego sum, nec non, ut tempora noris,
    cum cecidit fato consul uterque pari:
  si quid id est, usque a proavis vetus ordinis heres
    non modo fortunae munere factus eques.
  nec stirps prima fui; genito sum fratre creatus,
10   qui tribus ante quater mensibus ortus erat.

 あなたが読む，あの柔弱な愛の戯れの作者である私がなに者で
  あったかをあなたが知るために，聴くがよい，後の世の人よ。
 スルモが私の故郷である，氷のように冷たい水がとてもゆたか
  で，そこは都から90マイル離れている。
5 ここで私は生まれたのだが，そしてさらに，あなたがその日付を
  知ろうとすれば，それは2人のコンスルがそろって同じ運命
  で倒れたときだ。
 もしそれがなにかあるとしたら，祖先からずっとその階級の古い
  継承者で，最近に運命の贈り物として騎士階級になったわけ
  ではない。
 また私は家系の筆頭の者ではなかった，兄が生まれてから私は誕
10 生した。兄は12か月前に生まれていた。

ut nōris, quī fuerim ego, ille lūsor tenerōrum
　　　　amōrum, quem legis, accipe posteritās.
　　Sulmō mihī patria est, gelidīs undīs ūberrimus,
　　　　quī decem noviēs mīlia distat ab urbe.
5　　ēditus hīc ego sum, nec nōn, ut tempora nōris,
　　　　cum consul uterque fātō parī cecidit:
　　sī quid id est, usque ā proavīs vetus hērēs ordinis
　　　　nōn modo fortūnae mūnere factus eques.
　　nec stirps prīma fuī; genitō frātre sum creātus,
10　　quī quater tribus mensibus ante ortus erat.

[語句]

　ut nōris (= nōveris, -ris の ⌣ は不規則), quī fuerim ego, ille lūsor tenerōrum amōrum, quem legis, あなたが読む、あの柔弱な愛の(詩)の戯れの作者である私がなに者であったかをあなたが知るためには；accipe posteritās. 聴くがよい、後世の人よ；Sulmō (韻律は _⌣) mihī patria est, gelidīs undīs ūberrimus, スルモ (中部イタリアの町、現在のSulmona) が私の故郷である、氷のように冷たい水がとても豊かで；quī decem noviēs mīlia (passuum) distat ab urbe. そこは都から90マイル離れている (ローマの北約130キロ)；ēditus (ē-dō) hīc ego sum, nec nōn, ut tempora nōris, ここで私は生まれたのだが、そしてさらに、あなたがその日付を知ろうとすれば；cum consul uterque fātō parī cecidit: 両コンスル (ヒルティウスとパンサ) が同じ運命で倒れたときだ (紀元前43)；sī quid id est, usque ā proavīs vetus hērēs ordinis もしそれがなにか (意味が) あるとしたら、祖先からずっとその階級の古い継承者で；nōn modo fortūnae mūnere factus eques. 最近に運命の贈り物として騎士階級になったわけではない

lucifer amborum natalibus adfuit idem:
　　　una celebrata est per duo liba dies;
haec est armiferae festis de quinque Minervae,
　　　quae fieri pugna prima cruenta solet.
15　protinus excolimur teneri curaque parentis
　　　imus ad insignes urbis ab arte viros.
frater ad eloquium viridi tendebat ab aevo,
　　　fortia verbosi natus ad arma fori;
at mihi jam puero caelestia sacra placebant,
20　　inque suum furtim Musa trahebat opus.

　同じ日が2人の誕生日にあたっていた，同じ1日が2つの誕生の守護神への菓子を供えて祝われた。
　その日は武器をもつミネルウァの5日の祭りのうちの1日で，それはふつう戦いによって血ぬられる最初の日にあたっている。
15　我々は幼くしてすぐさま鍛えられ，そして父の配慮でその技によってすぐれた都の人々のもとに通う。
　兄は弁論を若いときからめざしていた，数多くの言葉の飛び交うフォルムの強力な武器をとるために生まれついていた。
　それに対して私には少年でありながらも天上の神々の秘儀が気に
20　入っていた，そして詩の女神が自分の仕事のほうにそっと引き入れていった。

>   lūcifer īdem ambōrum nātālibus adfuit:
>   ūna diēs celebrāta est per duo lība;
>   haec est dē quinque festīs Minervae armiferae,
>   quae prīma cruenta pugnā fierī solet.
> 15   prōtinus excolimur tenerī cūrāque parentis
>   īmus ad insignēs virōs urbis ab arte.
>   frāter ad ēloquium tendēbat ab viridī aevō,
>   ad fortia arma verbōsī forī nātus;
>   at mihi jam puerō caelestia sacra placēbant,
> 20   inque suum opus furtim Mūsa trahēbat.

[語句]

　lūcifer īdem ambōrum nātālibus adfuit: 同じ日が 2 人の誕生日にあたっていた；ūna diēs celebrāta est per duo lība; 同じ 1 日が 2 つの誕生の守護神への菓子を供えて祝われた; haec (diēs) est (ea) dē quinque festīs Minervae armiferae, その日は武器をもったミネルウァの 5 日の祭り (3 月 19～23 日) のうちの 1 日で；quae prīma cruenta pugnā fierī solet. それはふつう戦い (20～23 日) によって血ぬられる最初の日にあたっている (3 月 20 日)；prōtinus excolimur tenerī cūrāque parentis 我々は幼くしてすぐさま鍛えられ，そして父の配慮で；īmus ad insignēs virōs urbis ab arte. その技 (学問) によってすぐれた都の人々のもとに通う；at mihi jam puerō caelestia sacra (韻律は－⌣) placēbant, それにたいして私には少年でありながらも天上の神々の秘儀が気に入っていた

saepe pater dixit "studium quid inutile temptas?
　　　Maeonides nullas ipse reliquit opes."
motus eram dictis, totoque Helicone relicto
　　　scribere temptabam verba soluta modis.
25　sponte sua carmen numeros veniebat ad aptos,
　　　et quod temptabam scribere versus erat.
interea tacito passu labentibus annis
　　　liberior fratri sumpta mihique toga est,
induiturque umeris cum lato purpura clavo,
30　　et studium nobis, quod fuit ante, manet.

　父はしばしば言った，おまえはどうして無益な仕事をやろうとするのか，マエオニデス（ホメロス）でもなんの財産も残さなかった，と。
　私はその言葉に動かされて，ヘリコン山をそっくり捨てて詩のリズムにしばられない言葉を書こうと試みた。
25　自然にその歌は適切な韻律に合ってしまった，そして私が書こうと試みたものは詩句であった。
　その間に沈黙の歩みにより年月は流れていって，成人のトガが兄と私に着られることになった。
　そして肩には幅の広い縞を伴った紫（の帯状の飾章）が着用され
30　るが，そこでの我々にとっての強い関心は以前にあったまま変わらなかった。

saepe pater dīxit "quid inūtile studium temptās?
　　Maeonidēs ipse nullās opēs relīquit."
mōtus eram dictīs, tōtōque Helicōne relictō
　　scrībere temptābam verba solūta modīs.
25　sponte suā carmen ad aptōs numerōs veniēbat,
　　et quod temptābam scrībere versus erat.
intereā tacitō passū lābentibus annīs
　　līberior toga frātrī mihīque sumpta est,
induiturque umerīs purpura cum lātō clāvō,
30　et studium nōbīs, quod ante fuit, manet.

[語句]

　tōtōque Helicōne relictō（奪格構文）scrībere temptābam verba solūta modīs. ヘリコン山（詩の女神ムーサの山）をそっくり捨てて詩のリズムにしばられない言葉を書こうと試みた；sponte suā carmen ad aptōs numerōs veniēbat, 自然にその歌は適切な韻律に合ってしまった；et quod temptābam scrībere versus erat. そして私が書こうと試みたものは詩句であった；intereā tacitō passū lābentibus annīs（奪格構文）その間に沈黙の歩みにより年月は流れていって；līberior toga (= toga virīlis) frātrī mihīque sumpta est, 成人のトガが兄と私に着られることになった；induiturque umerīs purpura cum lātō clāvō, そして肩には幅の広い縞を伴った紫（の帯状の飾章をつけたトゥニカ，本来は元老院議員の印）が着用されるが；et studium nōbīs, quod ante fuit, manet. そこでの我々にとっての強い関心は以前にあったままである

(3) *Tristia* IV, 10　自伝

  jamque decem vitae frater geminaverat annos,
    cum perit, et coepi parte carere mei.
  cepimus et tenerae primos aetatis honores,
    eque viris quondam pars tribus una fui.
35 curia restabat: clavi mensura coacta est;
    majus erat nostris viribus illud onus.
  nec patiens corpus, nec mens fuit apta labori,
    sollicitaeque fugax ambitionis eram,
  et petere Aoniae suadebant tuta sorores
40   otia judicio semper amata meo.

 そして兄はすでに人生の 10 年を 2 倍も経てしまっていた，彼が死ぬときに，そして私ははじめて自分の一部が欠ける思いだった。
 それから私は若年の者の最初の要職に就き，そしていつのころか私は三人委員会のなかの一員となった。
35　元老院が待っていたが，紫の縞の寸法がせばめられた，私の力よりそれはより重い荷であった。
 その仕事に身体も耐えられず，また心も適していなかった，私は不安に満ちた野心から逃げようとしていた。
 そしてアオニアの姉妹たちは安全な閑暇の生活を求めるようにす
40　　すめた，それは私の好みでいつも好まれていたもの。

```
         jamque decem annōs vītae frāter gemināverat,
             cum perit, et coepī carēre parte meī.
         cēpimus et prīmōs honōrēs tenerae aetātis,
             ē-que virīs tribus quondam ūna pars fuī.
35       cūria restābat: clāvī mensūra coacta est;
             mājus nostrīs vīribus erat illud onus.
         nec patiens corpus, nec mens fuit apta labōrī,
             sollicitaeque ambitiōnis fugax eram,
         et Āoniae sorōrēs suādēbant petere tūta
40           ōtia jūdiciō meō semper amāta.
```

[語句]

jamque decem annōs vītae frāter gemināverat, cum perit, すでにまた兄は人生の10年を2倍も経てしまっていた、彼が死ぬときに; et coepī carēre parte meī (代名詞属格). そして私ははじめて自分の一部が欠ける思いだった; cēpimus et prīmōs honōrēs tenerae aetātis, それから我々は若年のものの最初の要職についた; ē-que virīs tribus quondam ūna pars fuī. そして私はいつのころか三人委員会 (triumvir, 監獄や処刑などを担当) のなかの一員となった; cūria restābat: 元老院が (私がそこに入るのを) 待っていた; clāvī mensūra coacta est; (紫の) 縞の寸法がせばめられた (clāvus angustus, 騎士の身分にもどった); mājus nostrīs vīribus erat illud onus. 我らが力よりそれはより重い荷であった (からである); et Āoniae sorōrēs suādēbant (韻律は ＿＿＿) petere tūta ōtia そしてアオニアの姉妹たち (詩の女神ムーサ) は安全な閑暇の生活を求めるようにすすめた; jūdiciō meō semper amāta. (それは) 私の好みでいつも好まれていたもの

temporis illius colui fovique poetas,
  quotque aderant vates, rebar adesse deos.
saepe suas volucres legit mihi grandior aevo,
  quaeque nocet serpens, quae juvat herba, Macer.
45 saepe suos solitus recitare Propertius ignes,
  jure sodalicii, quo mihi junctus erat.
Ponticus heroo, Bassus quoque clarus iambis
  dulcia convictus membra fuere mei.
et tenuit nostras numerosus Horatius aures,
50   dum ferit Ausonia carmina culta lyra.

その時代の詩人たちを私は尊敬しまた好感をもっていた，そこにいた多くの詩人たちはすべて神としてそこにいると思っていた。

しばしば年上のマケルが私に自分の鳥（の詩）を読んだり，またどんな蛇が害があり，どんな草が役に立つかを（読む）。

45 プロペルティウスはしばしば自分の燃える恋を読んできかせてくれた，彼が私と結ばれている友情の慣わしとして。

ポンティクスは英雄叙事詩で，またバッススはイアンボス（詩型，ラテン語ではイアンブス）の詩で有名だが，私の親交のあるいとしい仲間であった。

そして韻律豊かなホラティウスはわれらの耳をとらえた，洗練された歌をアウソニアの竪琴で奏でるときに。
50

```
     temporis illīus poētās coluī fōvīque
          quotque aderant vātēs, rēbar adesse deōs.
     saepe suās volucrēs lēgit mihi grandior aevō,
          quaeque nocet serpens, quae juvat herba, Macer.
45   saepe suōs ignēs solitus recitāre Propertius,
          jūre sodāliciī, quō mihi junctus erat.
     Ponticus hērōō, Bassus quoque clārus iambīs
          dulcia membra convictūs meī fuēre.
     et tenuit nostrōs aurēs numerōsus Horātius
50        dum ferit carmina culta Ausoniā lyrā.
```

[語句]

　temporis illīus poētās coluī fōvīque その時代の詩人たちを私は尊敬しまた好感をもっていた；quotque aderant vātēs, (tot) rēbar adesse deōs. そこにいた多くの詩人たちはすべて神としてそこにいると思っていた；saepe suās volucrēs lēgit mihi grandior aevō, — Macer しばしば年上のマケル（教訓詩の詩人で彼の友人）が私に自分の鳥を（詩に）よんできかせる；quaeque nocet serpens, quae juvat herba, またどんな蛇が害があり，どんな草が役に立つかを；saepe suōs ignēs solitus (est) recitāre Propertius, プロペルティウス（紀元前50〜16, 恋愛エレゲイア詩人）はしばしば自分の燃える恋を読んできかせてくれた；jūre sodāliciī, quō mihi junctus erat. 彼が私と結ばれている友情の慣わしとして；Ponticus hērōō, Bassus quoque clārus iambīs 英雄叙事詩で（有名な）ポンティクス（「テーバイ物語」の作者）は，またイアンボスの詩で有名なバッス（経歴不明）は；dulcia membra convictūs meī fuēre. 私の親交のあるいとしい仲間であった；dum ferit carmina culta Ausoniā lyrā. 洗練された歌をアウソニア（イタリア，ローマ）の竪琴で奏でるときに

(3) *Tristia* IV, 10　自伝

  Vergilium vidi tantum: nec avara Tibullo
    tempus amicitiae fata dedere meae.
  successor fuit hic tibi, Galle, Propertius illi;
    quartus ab his serie temporis ipse fui.
55 utque ego majores, sic me coluere minores,
    notaque non tarde facta Thalia mea est.
  carmina cum primum populo juvenalia legi,
    barba resecta mihi bisve semelve fuit.
  moverat ingenium totam cantata per urbem
60   nomine non vero dicta Corinna mihi.

 ウェルギリウスには1度だけ会った，ティブルスには貪欲な運命が私との友情のために時を与えなかった。

 ガルスよ，この人があなたの後継者だったし，プロペルティウスがそのまた(後継者だ)，これらの人たちから時の順序では私は4番目にあった。

55 私が年長の人たちをそうしたように，そのように年下の人たちは私を尊敬した。ほどなくして私のタリアが知られるに至った。

 初めて私が若々しい歌を公衆のまえで読んだときに，私のひげは1回か2回短く切られただけだった。

 町中で歌われていた女がわが詩才を動かした，それは本当の名前
60 ではないが私にはコリンナといわれていた。

Vergilium vīdī tantum: nec avāra fāta dedēre
　　Tibullō tempus meae amīcitiae.
successor fuit hic tibi, Galle, Propertius illī;
　　quartus ab hīs seriē temporis ipse fuī.
55　utque ego mājōrēs, sīc mē coluēre minōrēs,
　　nōtaque nōn tardē facta Thalīa mea est.
cum prīmum populō carmina juvenālia lēgī,
　　barba resecta mihī bisve semelve fuit.
mōverat ingenium cantāta per tōtam urbem
60　nōmine nōn vērō dicta Corinna mihī.

[語句]

Vergilium vīdī tantum: ウェルギリウス(紀元前 70-19, 叙事詩「アエネイス」ほかの大詩人)には1度だけ会った; nec avāra fāta dedēre Tibullō tempus meae amīcitiae. ティブルス(紀元前 55?～19, 恋愛エレゲイア詩人)には貪欲な運命が私との友情のために時を与えなかった; successor fuit hic tibi, Galle, Propertius illī; ガルス(エレゲイアの詩形を確立した詩人)よ, この人(ティブルス)があなたの後継者だったし, プロペルティウスがそのまた(後継者だ); quartus ab hīs seriē temporis ipse fuī. これらの人たちから時の順序では私は4番目にあった; utque ego mājōrēs (nātū), sīc mē coluēre minōrēs, 私が年長の人たちをそうしたように, 年下の人たちは私を尊敬した; nōtaque nōn tardē facta Thalīa mea est. ほどなくして私のタリア(喜劇と軽い詩を司る女神)が知られるに至った; cum prīmum populō carmina juvenālia lēgī, はじめて若々しい歌を公衆のまえで読んだときに; barba resecta (re-secō) mihī bisve semelve fuit. ひげは1回か2回短く切られただけだった; nōmine nōn vērō dicta Corinna mihī (与格＝奪格). それは本当の名前ではないが, 私にはコリンナ(*Amores* にでてくる女性)といわれていた

multa quidem scripsi, sed, quae vitiosa putavi,
　　　emendaturis ignibus ipse dedi.
tunc quoque, cum fugerem, quaedam placitura cremavi,
　　　iratus studio carminibusque meis.
65　molle Cupidineis nec inexpugnabile telis
　　　cor mihi, quodque levis causa moveret, erat.
cum tamen hic essem minimoque accenderer igni,
　　　nomine sub nostro fabula nulla fuit.
paene mihi puero nec digna nec utilis uxor
70　　　est data, quae tempus per breve nupta fuit.

　たしかに私は多くのものを書いた，しかし欠点があると思ったものは今後の訂正を考えて火に自ら投じた。
　私が追放されるときにも，人に気に入られそうなある作品を焼いた，詩への思いと自分の歌にいらだって。
65　軟弱でクピドの矢にはとても確固としてはいられないわが心は，またさしたることもない理由からぐらつかされてしまうものだった。
　それでも私はこのようなものであり，ごくわずかな火でも燃え上がるが，私の名のもとに悪いうわさはなにもなかった。
　ほとんどまだ少年であった私にふさわしくもない役立たずの妻が
70　　　与えられた，彼女は短い間だけ嫁であった。

>   multa quidem scrīpsī, sed quae vitiōsa putāvī,
>   ēmendātūrīs ignibus ipse dedī.
>   tunc quoque, cum fugerem, quaedam placitūra cremāvī,
>   īrātus studiō carminibusque meīs.
> 65 molle nec inexpugnābile Cupīdineīs tēlīs
>   cor mihi, quodque levis causa movēret, erat.
>   cum tamen hīc essem minimōque ignī accenderer,
>   sub nostrō nōmine nulla fābula fuit.
>   paene mihī puerō nec digna nec ūtilis uxor
> 70   est data, quae per tempus breve nupta fuit.

[語句]

tunc quoque, cum fugerem, quaedam placitūra cremāvī, 私が追放されるときに人に気に入られそうなある作品を焼いた；īrātus studiō carminibusque meīs. 詩への思いと自分の歌にいらだって；molle nec inexpugnābile Cupīdineīs tēlīs cor mihi, 軟弱でクピドの矢には確固としてはいられないわが心は；quodque levis causa movēret, erat. またさしたることもない理由が動揺させてしまうものだった；cum tamen hīc essem minimōque ignī accenderer (accendō の接続法受動未完了形，譲歩), それでも私はこのようなものであり，ごくわずかな火で燃え上がるが；sub nostrō nōmine nulla fābula fuit. われらが名のもとに悪いうわさはなにもなかった

> illi successit, quamvis sine crimine conjunx,
>   non tamen in nostro firma futura toro.
> ultima, quae mecum seros permansit in annos,
>   sustinuit conjunx exulis esse viri.
> 75 filia me mea bis prima fecunda juventa,
>   sed non ex uno conjuge, fecit avum.
> et jam complerat genitor sua fata novemque
>   addiderat lustris altera lustra novem.
> non aliter flevi, quam me fleturus ademptum
> 80   ille fuit. matri proxima busta tuli.

彼女のあとに来た女性はとがめるところのない妻だったが，しかしその後もずっとわれらが床にしっかりと留まることはなかった。

最後の女はずっと晩年まで私とともにあったが，流刑者の夫の妻であることに耐えてくれた。

75 私の娘はごく若いときに2度身ごもったが，しかし1人の夫からではないが，私を祖父にしてくれた。

そしてすでに父はその運命を全うしたが，45年にさらに45年を付け加えていた。

あの(父が)私をなくしたら泣いたであろうように，それに変わらずに私は(父の死に)泣いた。母のために私は(父に)続けて
80 灰を埋葬した。

illī succēssit, quamvīs sine crīmine conjunx,
    nōn tamen in nostrō torō firma futūra.
ultima, quae mēcum in sērōs annōs permansit,
    sustinuit conjunx exulis virī esse.
75 fīlia mea prīmā juventā bis fēcunda, sed
    nōn ex ūnō conjuge, fēcit mē avum.
et jam complērat genitor sua fāta novemque
    lustrīs altera novem lustra addiderat.
nōn aliter flēvī, quam mē ademptum ille
80 flētūrus fuit. mātrī proxima busta tulī.

[語句]

illī succēssit, quamvīs sine crīmine conjunx, 彼女のあとにきた女性はとがめるところのない妻だったが；nōn tamen in nostrō torō firma futūra. しかしその後もずっとわれらの床にしっかりと留まることはなかった；ultima, quae mēcum in sērōs annōs permansit, 最後の（妻）は，ずっと晩年まで私とともにあったが；sustinuit conjunx exulis virī esse. 流刑者の妻であることに耐えてくれた；fīlia mea (in) prīmā juventā bis fēcunda, 私の娘はごく若いときに2度身ごもったが；sed nōn ex ūnō conjuge, fēcit mē avum. しかしそれは1人の夫からではないが，私を祖父にしてくれた；nōn aliter flēvī, quam mē ademptum ille flētūrus fuit (= flēvisset). あの（父）が私をなくしたら泣いたであろうように，それに変わらずに私は（父の死に）泣いた；mātrī proxima busta tulī. 母のために私は（父に）続けて灰を埋葬した

> felices ambo tempestiveque sepulti,
>> ante diem poenae quod periere meae!
> me quoque felicem, quod non viventibus illis
>> sum miser, et de me quod doluere nihil!
> 85 si tamen extinctis aliquid nisi nomina restat,
>> et gracilis structos effugit umbra rogos,
> fama, parentales, si vos mea contigit, umbrae,
>> et sunt in Stygio crimina nostra foro,
> scite, precor, causam (nec vos mihi fallere fas est)
> 90 errorem jussae, non scelus, esse fugae.

> 2人とも幸せに，またちょうどよい時期に葬られた，私の処罰の日のまえに亡くなったのだから。
> 私もまた幸福なるかな，あの人たちが生存中に私がみじめな身にならず，そして私についてなにも嘆き悲しまなかったから。
> 85 だがもし死者にとって名前以外になにかが残るとしたら，そしてほっそりとした亡霊が積み上げられた葬礼の薪の山から逃げ出すとすれば，
> 父母の亡霊よ，もし私の噂があなたたちに達したならば，そしてステュクスの法廷において私の罪がありとすれば，
> あなたたちはどうか知っておいてもらいたい，（また私にはあなたたちをだますのはよくないから）命じられた追放の原因は過失で，罪ではないということを。
> 90

felīcēs ambō tempestīvēque sepultī,
　　　　　quod periēre ante diem poenae meae.
　　　mē quoque felīcem, quod vīventibus illīs nōn
　　　　　sum miser, et quod dē mē nihil doluēre.
85　　sī tamen extinctīs aliquid nisi nōmina restat,
　　　　　et gracilis umbra structōs rogōs effugit,
　　　parentālēs umbrae, sī mea fāma vōs contigit,
　　　　　et sunt crīmina nostra in Stygiō forō,
　　　scīte, precor, (nec vōs mihi fallere fās est)
90　　　　causam jussae fugae errōrem, nōn scelus esse.

[語句]

　felīcēs ambō tempestīvēque sepultī, 2人とも幸せにまたちょうどよい時期に葬られた；quod periēre (= periērunt) ante diem poenae meae. 私の処罰の日のまえに亡くなったのだから；mē quoque felīcem (呼びかけの対格), 私もまた幸福なるかな；quod vīventibus illīs (奪格構文) nōn sum miser, あの人たち (両親) が生存中に私がみじめな身にならず；et quod dē mē nihil doluēre. そして私についてなにも嘆き悲しまなかったから；sī tamen extinctīs aliquid nisi nōmina restat, だがもし死者にとって名前以外になにかが残るとしたら；et gracilis umbra structōs (struō) rogōs effugit, そしてほっそりとした亡霊が積み上げられた葬礼の薪の山から逃げ出すとすれば；parentālēs umbrae, sī mea fāma vōs contigit, 父母の亡霊よ、もし私の噂があなたたちに達したならば；et sunt crīmina nostra in Stygiō forō, そしてステュクス (冥界) の法廷においてわれらの罪がありとすれば；scīte, precor, (nec vōs mihi fallere fās est) どうかあなたたちは知っておいてもらいたい (また私にはあなたたちをだますのはよくないから)；causam jussae fugae errōrem, nōn scelus esse. 命じられた追放の原因は過失で、罪ではないということを

(3) *Tristia* IV, 10　自伝

　　　Manibus hoc satis est: ad vos, studiosa, revertor,
　　　　　pectora, quae vitae quaeritis acta meae,
　　　jam mihi canities pulsis melioribus annis
　　　　　venerat, antiquas miscueratque comas,
95　　postque meos ortus Pisaea vinctus oliva
　　　　　abstulerat deciens praemia victor eques,
　　　cum maris Euxini positos ad laeva Tomitas
　　　　　quaerere me laesi principis ira jubet.
　　　causa meae cunctis nimium quoque nota ruinae
100　　　indicio non est testificanda meo.

　　　死者の霊にはこれで十分だ。私はあなたたちにもどろう，私の
　　　　人生の活動を知ろうとしている，飽くことなき心（の人た
　　　　ち）よ，
　　　すでに私には白髪がでてきてしまった，よき年月は退けられて，
　　　　そして古い髪を混じり合わせてしまった。
95　　そして私の誕生このかたピサのオリーブで飾られた勝利者である
　　　　騎士は，10回賞品を持ち帰った，
　　　黒海の左側に位置するトミスに住む人々のもとを私が求めるよう
　　　　にと，傷つけられた皇帝の怒りが命令するときに。
　　　私の破滅の原因はまたすべての人にあまりにもよく知られてい
100　　　て，私の証拠申し立てによって立証される必要はない。

Mānibus hoc satis est: ad vōs revertor, studiōsa
    pectora, quae vītae meae acta quaeritis.
jam mihi cānitiēs vēnerat pulsīs meliōribus
    annīs, antīquās comās miscueratque,
95 postque meōs ortūs Pīsaeā olīvā vinctus victor
    eques abstulerat deciens praemia,
cum ad laeva maris Euxīnī positōs Tomītās
    quaerere mē laesī principis īra jubet.
causa meae ruīnae cunctīs nimium quoque nōta
100 indiciō meō nōn testificanda est.

[語句]

Mānibus (mānēs) hoc satis est: 死者の霊にはこれで十分だ；ad vōs revertor, studiōsa pectora, 私はあなたたちにもどろう，探求に熱心な心（の人たち）よ；quae vītae meae acta quaeritis. 私の人生の活動を知ろうとしている（心）；jam mihi cānitiēs vēnerat pulsīs meliōribus annīs（奪格構文），すでに私には白髪がでてきてしまった，よき年月は退けられて；antīquās comās miscueratque, そして古い髪を混じり合わせてしまった；postque meōs ortūs Pīsaeā olīvā vinctus victor eques そして私の誕生このかたピサ（エリスのピサ，オリュンピアに近い）のオリーブ（の冠）で飾られた勝利者である騎士は；abstulerat deciens praemia. 10回賞品を持ち帰った（50年経ったの意）；cum ad laeva maris Euxīnī positōs Tomītās 黒海の左側に位置するトミスに住む人々のもとを；quaerere mē laesī principis īra jubet. 私が求めるようにと傷つけられた皇帝の怒りが命令するときに

(3) *Tristia* IV, 10 自伝

quid referam comitumque nefas famulosque nocentes?
　　ipsa multa tuli non leviora fuga.
indignata malis mens est succumbere seque
　　praestitit invictam viribus usa suis;
105　oblitusque mei ductaeque per otia vitae
　　insolita cepi temporis arma manu;
totque tuli terra casus pelagoque quot inter
　　occultum stellae conspicuumque polum.
tacta mihi tandem longis erroribus acto
110　　juncta pharetratis Sarmatis ora Getis.

どうして仲間の犯罪や（私を）傷つけた奴隷について言及する必要があろうか，追放そのものよりもっと重い多くのことに私は耐えてきた。
心は不幸に屈することに怒りを感じている，そして自分の力を使って自らがくじけていないことを明らかにした。
105　また自分を忘れ，そして閑暇のうちに過ごされた生活も忘れて，私はなれない手でこの時期の求める武器を手にした。
陸に海に私は，隠された極とはっきりみえる極との間にある星の数ほど多くの不幸に絶えてきた。
私は長い流浪に駆りたてられたが，箙(えびら)を背負ったゲタエ族と結ばれたサルマティアの海岸にようやく到着した。
110

quid referam comitumque nefās famulōsque nocentēs?
    ipsā fugā multa nōn leviōra tulī.
mens indignāta est malīs succombere, ūsa
    vīribus suīs praestitit sēque invictam.
105 oblītusque meī ductaeque vītae per ōtia
    insolitā manū temporis arma cēpī.
totque cāsūs tulī terrā pelagōque quot stellae
    inter occultum conspiciumque polum.
tandem tacta mihī actō longīs errōribus
110   Sarmatis ōra juncta pharetrātīs Getīs.

[語句]

quid referam comitumque nefās famulōsque nocentēs? どうして仲間の犯罪や（私を）傷つけた奴隷について言及する必要があろうか；ipsā fugā multa nōn leviōra tulī. 追放そのものよりもっと軽からざる多くのことに私は耐えてきた；mens indignāta est malīs succombere, 心は不幸に屈することに怒りを感じている；ūsa (mens) vīribus suīs praestitit sēque invictam. そして自分の力を使って自らが負けていないことを明らかにした；oblītus (oblīviscor)-que meī (代名詞属格) ductaeque vītae per ōtia また自分を忘れそして閑暇のうちに過ごされた生活も忘れて；insolitā manū temporis arma cēpī (capiō). 私はなれない手でこの時期の求める（敵の襲撃にそなえて）武器をとった；totque cāsūs tulī terrā pelagōque 陸に海に私は実に多くの不幸に耐えてきた；quot stellae inter occultum conspiciumque polum. 隠された極とはっきりみえる極の間にある星ほど（多くの不幸に）；tandem tacta mihī actō longīs errōribus 長い流浪に駆られた私にようやく到達された；Sarmatis ōra juncta pharetrātīs (韻律は ⏑－－－) Getīs. 箙(えびら)を背負ったゲタエ族と結ばれた（隣接する）サルマティアの海岸が

hic ego, finitimis quamvis circumsoner armis,
　　　　　tristia, quo possum, carmine fata levo.
　　　quod quamvis nemo est, cujus referatur ad aures,
　　　　　sic tamen absumo decipioque diem.
115　ergo quod vivo durisque laboribus obsto,
　　　　　nec me sollicitae taedia lucis habent,
　　　gratia, Musa, tibi: nam tu solacia praebes,
　　　　　tu curae requies, tu medicina venis.
　　　tu dux et comes es, tu nos abducis ab Histro,
120　　　in medioque mihi das Helicone locum;

　　　ここで私は近隣の武器によってその響きを聞かされてはいるが，
　　　　　悲しい運命を私はできる限りの歌によって和らげている。
　　　その歌が耳に届くような人はだれもいないとはいえ，やはりこう
　　　　　して日をいたずらに費やし，紛らしている。
115　だから私が生き，そしてつらい労苦にも立ち向かえるのも，また
　　　　　不安な日々への嫌悪が私をとらえていないのも，
　　　ムーサよ，あなたに感謝する，なぜならあなたは慰めをくださる
　　　　　からだ，あなたは不安の鎮静，あなたは癒し手としてきてい
　　　　　るのだから。
　　　あなたは導く者でありまた仲間である，あなたは我々をヒステル
120　　　川から連れ去り，ヘリコン山の真ん中に私のために場所を下
　　　　　さる。

   hīc ego, quamvīs fīnitimīs armīs circumsoner,
     tristia fāta carmine, quō possum, levō.
   quod quamvīs nēmō est, cūjus referātur ad aurēs,
     sīc tamen absūmō dēcipiōque diem.
115 ergō quod vīvō dūrīsque labōribus obstō,
     nec mē taedia sollicitae lūcis habent,
   grātia, Mūsa, tibī; nam tū sōlācia praebēs,
     tū cūrae requiēs, tū medicīna venīs,
   tū dux et comes es, tū nōs abdūcis ab Histrō,
120   in mediōque Helicōne mihī locum dās;

[語句]

  hīc ego, quamvīs fīnitimīs armīs circumsoner, ここで私は近隣の武器 によってその響きを聞かされてはいるが；tristia fāta carmine, quō possum, levō. 悲しい運命を私はできる限りの歌によって和らげている；quod (et id = carmen) quamvīs nēmō est, cūjus referātur ad aurēs, その(歌)が, 耳に届くような人は誰もいないとはいえ；sīc tamen absūmō dēcipiōque diem. やはりこうして私は日をいたずらに費やし, 紛らしている；ergō quod vīvō dūrīsque labōribus obstō, だから私が生き, そしてつらい苦労にも立ち向かえるのも；nec mē taedia sollicitae lūcis habent, また不安な日々の嫌悪が私をとらえていないのも；grātia, Mūsa, tibī; nam tū sōlācia praebēs, ムーサよ, あなたに感謝する, なぜならあなたは慰めを下さるからだ；tū cūrae requiēs, tū medicīna venīs, あなたは不安の鎮静, あなたは癒し手としてきているのだから；tū dux et comes es, tū nōs abdūcis ab Histrō, あなたは導く者でありまた仲間である。あなたは我々をヒステル川(ドナウ川下流地域)から連れ去り；in mediōque Helicōne mihi locum dās; ヘリコン山(アポロンと詩の女神たちの山)の真ん中に私のために場所を下さる

  tu mihi, quod rarum est, vivo sublime dedisti
    nomen, ab exequiis quod dare fama solet.
  nec, qui detrectat praesentia, livor iniquo
    ullum de nostris dente momordit opus.
125 nam tulerint magnos cum saecula nostra poetas,
    non fuit ingenio fama maligna meo,

  あなたは私が生きている間に非常に高い名声をあたえてくださった，それは稀なことであり，死後に評判があたえるのが常であるものだが。
  現在の作品をみくびる嫉妬が敵意をもった歯で私の作品の中からどれにも噛みつきはしなかった。
125 なぜなら，我々の時代は偉大な詩人を生んだとはいえ，私の才能にたいして評判は悪意のあるものではなかったから。

tū mihi vīvō sublīme nōmen dedistī, quod rārum
　　　　　est, quod ab exequiīs fāma dare solet.
　　　līvor, quī dētrectat praesentia, inīquō dente
　　　　　ullum opus dē nostrīs nec momordit.
125　nam cum nostra saecula magnōs poētās tulerint,
　　　　　nōn fuit ingeniō meō fāma maligna,

[語句]

　tū mihi vīvō sublīme nōmen dedistī, quod rārum est, あなたは私が生きている間に高い名声をあたえてくださった，それは稀なことなのだが；quod ab exequiīs fāma dare solet. 死後に評判があたえるのが常である（名前を）；līvor, quī dētrectat praesentia (opera), 現在の作品をみくびる嫉妬が；inīquō dente ullum opus dē nostrīs nec momordit. 敵意をもった歯でわれらのもののうちからどの作品にも噛みつかなかった；nam cum nostra saecula magnōs poētās tulerint (ferō は接続法完了形，cum 譲歩)，なぜなら，我々の時代は偉大な詩人を生んだとはいえ；nōn fuit ingeniō meō fāma maligna, 私の才能にたいして評判は悪意のあるものではなかったから

　122. exquiae「葬儀」，ab exquiīs「死後に」

cumque ego praeponam multos mihi, non minor illis
    dicor et in toto plurimus orbe legor.
si quid habent igitur vatum praesagia veri,
130   protinus ut moriar, non ero, terra, tuus.
sive favore tuli, sive hanc ego carmine famam,
    jure tibi grates, candide lector, ago.

私は多くの人を私より上においているが，私は彼らによって劣っ
  ていると言われていないし，また全世界で最も多く読まれて
  いる。
もし真実のなにかを詩人の予言がもっているとすれば，私はすぐ
130 に死ぬとしても，大地よ，私はおまえのものにはならないだ
  ろう。
もし好意によってであれ，あるいは歌によってであれ，私がこの
  名声をえたのであれば，私は当然のことあなたに感謝する，
  親切な読者よ。

cumque ego praepōnam mihi multōs, nōn minor illīs
    dīcor et in tōtō orbe plūrimus legor.
sī quid vērī igitur habent vātum praesāgia,
130   ut prōtinus moriar, terra, nōn erō tuus.
sīve favōre, sīve carmine ego hanc fāmam tulī,
    jūre tibī grātēs agō, candide lector.

[語句]

cumque ego praepōnam mihi multōs, 私は多くの人を私より上においているが；nōn minor illīs dīcor et in tōtō orbe plūrimus legor. 私は彼らによって劣っているとは言われていないし、また全世界で最も多く読まれている；sī quid vērī igitur habent vātum praesāgia, もし真実の何かを詩人の予言がもっているとすれば；ut prōtinus moriar（譲歩の仮定）, terra, nōn erō（韻律は ⌣⌣）tuus. 私はすぐに死ぬとしても、大地よ、私はおまえの者にはならないだろう（忘れられることにはならないだろう）；sīve favōre, sīve carmine ego hanc fāmam tulī, もし好意によってであれ、あるいは私が歌によってであれ、この名声をえたのであれば；jūre tibī grātēs agō, candide lector. 私は当然のことあなたに感謝する、親切な読者よ

[韻律見本]

「はじめに」にのべたように，「悲しみの歌」からの3編について韻律の実際の姿を示したものを，読者の参考のために以下にあげておこう。それ以外の「黒海からの便り」「恋の歌」の各編については，奇数ページ上段のテキストに示した「自然に長い音」の表示を手がかりにして，韻律を読みとっていただきたい。それが詩の読解のためのなによりの練習になるだろう。

Tristia I, 3　ローマとの別れ

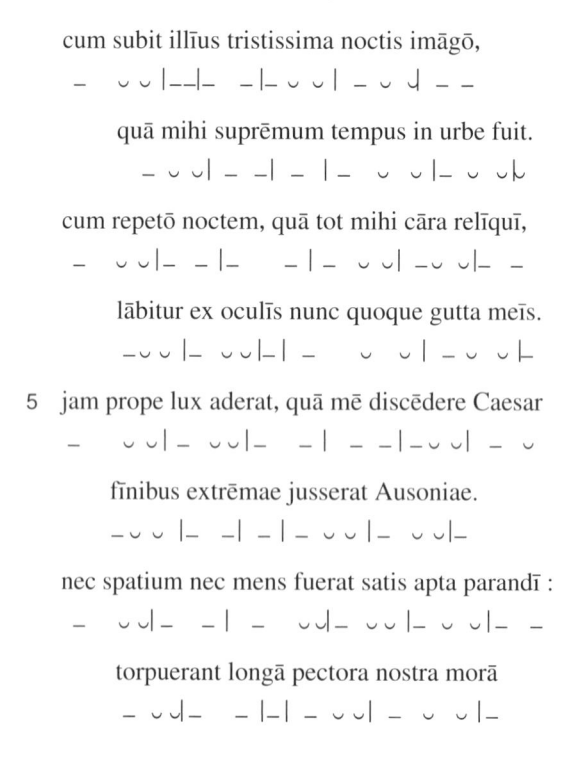

cum subit illīus tristissima noctis imāgō,
　－　∪∪｜－－｜　－｜－∪∪｜－∪∪｜－－

　　quā mihi suprēmum tempus in urbe fuit.
　　－∪∪｜－－｜－｜－∪∪｜－∪∪｜

cum repetō noctem, quā tot mihi cāra relīquī,
　－　∪∪｜－－｜　－｜－∪∪｜－∪∪｜－－

　　lābitur ex oculīs nunc quoque gutta meīs.
　　－∪∪｜－∪∪｜－　∪∪｜－∪∪｜

5　jam prope lux aderat, quā mē discēdere Caesar
　　－　∪∪｜－∪∪｜　－｜－－｜－∪∪｜－∪

　　fīnibus extrēmae jusserat Ausoniae.
　　－∪∪｜－－｜－｜－∪∪｜－∪∪｜

nec spatium nec mens fuerat satis apta parandī :
　－　∪∪｜－－｜－　∪∪｜－∪∪｜－∪∪｜－－

　　torpuerant longā pectora nostra morā
　　－∪∪｜－－｜－｜－∪∪｜－∪∪｜

nōn mihi servōrum, comitēs nōn cūra legendī,

10   nōn aptae profugō vestis opisve fuit.

nōn aliter stupuī, quam quī Jovis ignibus ictus

vīvit et est vītae nescius ipse suae.

ut tamen hanc animī nūbem dolor ipse remōvit,

et tandem sensūs convaluēre meī,

15 adloquor extrēmum maestōs abitūrus amīcōs,

quī modo dē multīs ūnus et alter erant.

uxor amans flentem flens ācrius ipsa tenēbat,

imbre per indignās usque cadente genās.

nāta procul Libycīs aberat dīversa sub ōrīs,

20   nec poterat fātī certior esse meī.

quōcumque aspicerēs, luctūs gemitūsque sonābant,

formaque nōn tacitī fūneris intus erat,

fēmina virque meō, puerī quoque fūnere maerent,
_ ⌣ ⌣ | _ ⌣ ⌣ | _ ⌣ | _ ⌣ ⌣ | _ ⌣ | _ _

    inque domō lacrimās angulus omnis habet.
    _ ⌣ ⌣ | _ ⌣ ⌣ | _ | _ ⌣ ⌣ | _ ⌣ ⌣ | ⌣

25 sī licet exemplīs in parvīs grandibus ūtī,
_ ⌣ ⌣ | _ _ | _ _ | _ _ | _ ⌣ ⌣ | _ _

    haec faciēs Trōjae, cum caperētur, erat.
    _ ⌣ ⌣ | _ | _ | _ ⌣ ⌣ | _ ⌣ ⌣ | ⌣

jamque quiescēbant vōcēs hominumque canumque,
_ ⌣ ⌣ | _ _ | _ | _ ⌣ ⌣ | _ ⌣ ⌣ | _ ⌣

    lūnaque nocturnōs alta regēbat equōs.
    _ ⌣ ⌣ | _ _ | _ | _ ⌣ ⌣ | _ ⌣ ⌣ | _

hanc ego suspiciens et ad hanc Capitōlia cernens,
_ ⌣ ⌣ | _ ⌣ ⌣ | ⌣ ⌣ | _ ⌣ ⌣ | _ ⌣ ⌣ | _ _

30 quae nostrō frūstrā juncta fuēre Larī,
_ _ | _ _ | _ | _ ⌣ ⌣ | _ ⌣ ⌣ | _

"nūmina vīcīnīs habitantia sēdibus", inquam,
_ ⌣ ⌣ | _ _ | _ ⌣ ⌣ | ⌣ ⌣ | _ ⌣ ⌣ | _ ⌣

    "jamque oculīs numquam templa videnda meīs,
    _ ⌣ ⌣ | _ | _ | _ ⌣ ⌣ | _ ⌣ ⌣ | _

dīque relinquendī, quōs urbs habet alta Quirīnī,
_ ⌣ ⌣ | _ | _ | _ ⌣ ⌣ | _ ⌣ ⌣ | _ _

    este salūtātī tempus in omne mihī.
    _ ⌣ ⌣ | _ _ | _ | ⌣ ⌣ | _ ⌣ ⌣ | _

35 et quamquam sērō clipeum post vulnera sūmō,
_ _ | _ _ | _ ⌣ ⌣ | _ | _ ⌣ ⌣ | _ _

    attamen hanc odiīs exonerāte fugam,
    _ ⌣ ⌣ | _ ⌣ ⌣ | _ ⌣ ⌣ | _ ⌣ | ⌣

caelestīque virō, quis mē dēcēperit error,
_ _|_ ⌣ ⌣|_ _ | _ _|_⌣ ⌣| _ _

dīcite, prō culpā nē scelus esse putet,
_⌣ ⌣| _ _|_| _ _ ⌣ ⌣|_ ⌣ ⌣|⌣

ut quod vōs scītis, poenae quoque sentiat auctor.
_ _ | _ _|_ _| _ ⌣ ⌣ | _ ⌣⌣|_ ⌣

40   plācātō possum nōn miser esse deō".
_ _|_ _| _ | _ ⌣ ⌣| _ ⌣ ⌣|_

hāc prece adōrāvī superōs ego, plūribus uxor,
_ ⌣ ⌣|_ _|_ ⌣ ⌣|_ ⌣ ⌣| _⌣ ⌣ |_ ⌣

singultū mediōs impediente sonōs.
_ _|_ ⌣ ⌣|_|_ ⌣ ⌣|_ ⌣ ⌣|_

illa etiam ante Larēs passīs adstrāta capillīs
_ ⌣ ⌣| _ ⌣ ⌣|_ _|_ _| _⌣ ⌣| _ _

contigit extinctōs ōre tremente focōs,
_ ⌣ ⌣|_ _ |_|_⌣ ⌣| _ ⌣ ⌣| _

45   multaque in adversōs effūdit verba Penātēs
_ ⌣   ⌣ |_ _|_ _|_ _| _ ⌣ ⌣| _ _

prō dēplōrātō nōn valitūra virō.
_ _| _ _|_| _ ⌣ ⌣|_⌣ ⌣|_

jamque morae spatium nox praecipitāta negābat,
_ ⌣ ⌣ |_ ⌣ ⌣|_ _| _ ⌣ ⌣|_⌣ ⌣|_ ⌣

versaque ab axe suō Parrhasis Arctos erat.
_ ⌣   ⌣ |_ ⌣ ⌣|_ _ ⌣ ⌣|_ ⌣ ⌣|⌣

quid facerem ? blandō patriae retinēbar amōre,
_   ⌣ ⌣|_   _ | _ ⌣ ⌣|_ ⌣ ⌣| _ ⌣ ⌣| _ ⌣

50   ultima sed jussae nox erat illa fugae.
_⌣ ⌣| _   _|_ | _ ⌣ ⌣|_ ⌣ ⌣| _

ā ! quotiens aliquō dīxī properante "quid urgēs ?
— ∪ ∪|— ∪∪| — —|— ∪ ∪|— ∪ ∪| — —

vel quō festīnās īre, vel unde, vidē"
— —| — —|—| — ∪ ∪| — ∪ ∪| —

ā ! quotiens certam mē sum mentītus habēre
— ∪ ∪|— —|— —| — —|∪ ∪| — ∪

hōram, prōpositae quae foret apta viae.
— — | — ∪ ∪|— | — ∪ ∪| — ∪ ∪|—

55 ter līmen tetigī, ter sum revocātus, et ipse
— —| — ∪ ∪| — —| — ∪ ∪|—∪ ∪|— ∪

indulgens animō pēs mihi tardus erat.
— —|— ∪ ∪| —| — ∪ ∪| — ∪ ∪|∪

saepe "valē" dictō rursus sum multa locūtus,
— ∪ ∪|— —|— —| — | — ∪ ∪|—∪

et quasi discēdens oscula summa dedī.
— ∪ ∪| — —| —| ∪ ∪|— ∪ ∪|—

saepe eadem mandāta dedī mēque ipse fefellī,
— —|— —|—∪ ∪|— —| — ∪ ∪|— —

60 respiciens oculīs pignora cāra meīs.
— ∪ ∪|— ∪ ∪|—| — ∪ ∪|—∪ ∪|—

dēnique "quid properō ? Scythia est, quō mittimur," inquam,
—∪ ∪| — ∪ ∪|— ∪ ∪|— —| —∪ ∪| — ∪

"Rōma relinquenda est. utraque justa mora est.
—∪ ∪|— —| — |— ∪ ∪| — ∪ ∪| —

uxor in aeternum vīvō mihi vīva negātur,
—∪ ∪|—|— —|— ∪ ∪|—∪ ∪|—∪

et domus et fīdae dulcia membra domūs,
— ∪ ∪ |— —|— — ∪∪| — ∪ ∪|—

65   quōsque ego dīlexī frāternō mōre sodālēs,

       ō mihi Thēseā pectora juncta fidē !

       dum licet, amplectar : numquam fortasse licēbit

       amplius. in lucrō est quae datur hōra mihī."

       nec mora, sermōnis verba imperfecta relinquō,

70   complectens animō proxima quaeque meō.

       dum loquor et flēmus, caelō nitidissimus altō,

       stella gravis nōbis, Lūcifer ortus erat.

       dīvidor haud aliter, quam sī mea membra relinquam,

       et pars abrumpī corpore vīsa suō est.

75   sīc doluit Mettus tunc cum in contrāria versōs

       ultōrēs habuit prōditiōnis equōs.

       tum vērō exoritur clāmor gemitusque meōrum,

       et feriunt maestae pectora nūda manūs.

tum vērō conjunx umerīs abeuntis inhaerens
　－　｜－　－｜－　∪∪｜－∪∪｜－∪∪｜－　－

80　　miscuit haec lacrimīs tristia verba meīs :
　　　－∪∪｜－　∪∪｜－｜－∪∪｜－∪∪｜－

"nōn potes āvellī. simul hinc, simul ībimus," inquit,
－∪∪｜－　－｜－∪∪｜－　－∪∪｜－∪∪｜－　－

"tē sequar et conjunx exulis exul erō.
－∪∪｜－　－｜－｜－∪∪｜－∪∪｜－

et mihi facta via est, et mē capit ultima tellūs :
－∪∪｜－∪∪｜－　－｜－∪∪｜－∪∪｜－　－

accēdam profugae sarcina parva ratī.
－　－｜－　∪∪｜－｜－∪∪｜－∪∪｜－

85　tē jubet ē patriā discēdere Caesaris īra,
　　　－∪∪｜－∪∪｜－　－｜－∪∪｜－∪∪｜－∪

mē pietās. pietās haec mihi Caesar erit."
－∪∪｜－　∪∪｜－　－∪∪｜－∪∪｜－

tālia temptābat, sīcut temptāverat ante,
－∪∪｜－　－｜－　－｜－　－｜－∪∪｜－∪

vixque dedit victās ūtilitāte manūs.
－　∪∪｜－　－｜－｜－∪∪｜－∪∪｜－

ēgredior, sīve illud erat sine fūnere ferrī,
－∪∪｜－　－｜－∪∪｜－∪∪｜－∪∪｜－　－

90　squālidus inmissīs hirta per ōra comīs..
　　　－∪∪｜－　－｜－｜－∪∪｜－∪∪｜－

illa dolōre āmens tenebrīs narrātur obortīs
－∪∪｜－　－｜－∪∪｜－　－｜－∪∪｜－　－

sēm(i)animis mediā prōcubuisse domō,
－　∪∪｜－∪∪｜－｜－∪∪｜－∪∪｜－

utque resurrexit foedātīs pulvere turpī
  _ ᴗ ᴗ| _ _ |_ _| _ _ | _ ᴗ ᴗ| _ _

    crīnibus et gelidā membra levāvit humō,
      _ ᴗ ᴗ |_ ᴗ ᴗ|_| _ ᴗ ᴗ| _ᴗ ᴗ| _

95 sē modo, dēsertōs modo complōrāsse Penātēs
    _ ᴗ ᴗ| _ _|_ ᴗ ᴗ| _ _|_ ᴗ ᴗ| _ _

      nōmen et ēreptī saepe vocāsse virī,
        _ ᴗ ᴗ|_ _ |_|_ ᴗ ᴗ| _ ᴗ ᴗ|_

   nec gemuisse minus, quam sī nātaeque virīque
     _ ᴗ ᴗ|_ ᴗ ᴗ| _ _ | _ _|_ ᴗ ᴗ|_ ᴗ

      vīdisset structōs corpus habēre rogōs,
        _ _|_ _ |_ | _ ᴗ   ᴗ|_ᴗ ᴗ| _

   et voluisse morī, moriendō pōnere sensūs,
     _ ᴗ ᴗ|_ ᴗ ᴗ |_ ᴗ ᴗ|_ _ᴗ ᴗ| _ _

100   respectūque tamen nōn periisse meī.
        _ _|_ ᴗ ᴗ| _ | _ ᴗ ᴗ|_ ᴗ |_

      vīvat, et absentem, quoniam sīc fāta tulērunt,
        _ ᴗ ᴗ|_ _ |_   ᴗ ᴗ| _ _ |_ᴗ ᴗ|_ _

      vīvat ut auxiliō sublevet usque suō.
        _ᴗ ᴗ| _ ᴗᴗ|_|_ ᴗ ᴗ |_ ᴗ ᴗ|_

Tristia **IV, 8**　老年

    jam mea cycnēās imitantur tempora plūmās,
      _   ᴗ ᴗ| _ _|_ ᴗ ᴗ|_ | _ ᴗ ᴗ| _ _

inficit et nigrās alba senecta comās.
_ ⌣ ⌣ | _ _ | _ | _ ⌣ ⌣ | _ ⌣ ⌣ | _

jam subeunt annī fragilēs et inertior aetās,
_ ⌣ ⌣ | _ _ | _ ⌣ ⌣ | _ ⌣ ⌣ | _ _

jamque parum firmō mē mihi ferre grave est.
_ ⌣ ⌣ | _ _ | _ | _ ⌣ ⌣ | _ ⌣ ⌣ | _

5   nunc erat, ut positō dēbērem fīne labōrem
_ ⌣ ⌣ | _ ⌣ ⌣ | _ _ | _ _ | _ ⌣ ⌣ | _ ⌣

vīvere, mē nullō sollicitante metū,
_ ⌣ ⌣ | _ _ | _ | _ ⌣ ⌣ | _ ⌣ ⌣ | _

quaeque meae semper placuērunt ōtia mentī
_ ⌣ ⌣ | _ _ | _ ⌣ ⌣ | _ _ | _ ⌣ ⌣ | _ _

carpere et in studiīs molliter esse meīs,
_ ⌣ ⌣ | _ ⌣ ⌣ | _ | _ ⌣ ⌣ | _ ⌣ ⌣ | _

et parvam celebrāre domum veterēsque Penātēs
_ _ | _ ⌣ ⌣ | _ ⌣ ⌣ | _ ⌣ ⌣ | _ ⌣ ⌣ | _ _

10   et quae nunc dominō rūra paterna carent,
_ _ | _ ⌣ ⌣ | _ | _ ⌣ ⌣ | _ ⌣ ⌣ | _

inque sinū dominae cārīsque sodālibus inque
_ ⌣ ⌣ | _ ⌣ ⌣ | _ _ | _ ⌣ ⌣ | _ ⌣ ⌣ | _ ⌣

sēcūrus patriā consenuisse meā.
_ _ | _ ⌣ ⌣ | _ ⌣ ⌣ | _ ⌣ ⌣ | _

haec mea sīc quondam peragī spērāverat aetās:
_ ⌣ ⌣ | _ _ | _ ⌣ ⌣ | _ | _ ⌣ ⌣ | _ _

hōs ego sīc annōs pōnere dignus eram.
_ ⌣ ⌣ | _ _ | _ | _ ⌣ ⌣ | _ ⌣ ⌣ | _

15   nōn ita dīs vīsum est, quī mē terrāque marīque
_ ⌣ ⌣ | _ _ | _ _ | _ _ | _ ⌣ ⌣ | _ ⌣

actum Sarmaticīs exposuēre locīs.

in cava dūcuntur quassae nāvālia puppēs

nē temere in mediīs dissoluantur aquīs.

nē cadat et multās palmās inhonestet adeptus,

20   languidus in prātīs grāmina carpit equus.

mīles ubi ēmeritīs nōn est satis ūtilis annīs,

pōnit ad antīquōs, quae tulit, arma Larēs.

sīc igitur, tardā vīrēs minuente senectā,

mē quoque dōnārī jam rude tempus erat.

25   tempus erat nec mē peregrīnum dūcere caelum,

nec siccam Geticō fonte levāre sitim,

sed modo, quōs habuī, vacuōs sēcēdere in hortōs,

nunc hominum vīsū rursus et urbe fruī.

sīc animō quondam nōn dīvīnante futūra

30   optābam placidē vīvere posse senex.
      ‒ ‒| ‒   ⏑⏑|‒|‒ ⏑ ⏑| ‒ ⏑ ⏑| ‒

    fāta repugnārunt, quae, cum mihi tempora prīma
    ‒ ⏑ ⏑| ‒ ‒|‒   ‒ | ‒   ⏑ ⏑| ‒ ⏑ ⏑| ‒ ⏑

    mollia praebuerint, posteriōra gravant.
    ‒⏑⏑| ‒ ⏑ ⏑|‒ | ‒ ⏑⏑|‒ ⏑ ⏑| ‒

    jamque decem lustrīs omnī sine lābe peractīs,
    ‒   ⏑   ⏑|‒   ‒|‒ ‒ |‒⏑⏑| ‒⏑ ⏑|‒ ‒

    parte premor vītae dēteriōre meae;
    ‒ ⏑   ⏑| ‒ ‒|‒| ‒⏑⏑|‒ ⏑ ⏑|‒

35   nec procul ā mētīs, quās paene tenēre vidēbar,
     ‒   ⏑ ⏑| ‒ ‒|‒   ‒ | ‒ ⏑ ⏑|‒⏑ ⏑| ‒ ⏑

    curriculō gravis est facta ruīna meō.
    ‒ ⏑ ⏑|‒   ⏑⏑| ‒ | ‒ ⏑ ⏑|‒⏑ ⏑|‒

    ergō illum dēmens in mē saevīre coēgī,
    ‒ ‒ |‒   ‒| ‒   ‒| ‒   ‒|‒⏑ ⏑|‒ ‒

    mītius inmensus quō nihil orbis habet?
    ‒⏑⏑|‒ ‒ |‒| ‒ ⏑ ⏑| ‒ ⏑ ⏑|⏑

    ipsaque dēlictīs victa est clēmentia nostrīs,
    ‒ ⏑ ⏑| ‒‒|‒ ‒| ‒   ‒| ‒ ⏑⏑ | ‒ ‒

40   nec tamen errōrī vīta negāta meō est ?
     ‒   ⏑ ⏑ | ‒ ‒|‒| ‒⏑ ⏑| ‒ ⏑ ⏑|‒

    vīta procul patriā peragenda sub axe Boreō,
    ‒⏑   ⏑| ‒   ⏑ ⏑| ⏑ ⏑| ‒   ⏑ ⏑| ‒ ⏑ ⏑|‒ ‒

    quā maris Euxīnī terra sinistra jacet.
    ‒   ⏑⏑| ‒ ‒|‒| ‒ ⏑ ⏑|‒ ⏑ ⏑| ⏑

    haec mihi sī Delphī Dōdōnaque dīceret ipsa,
    ‒   ⏑⏑| ‒ ‒| ‒ ‒| ‒ ⏑ ⏑| ‒⏑⏑| ‒ ⏑

esse vidērētur vānus uterque locus.
_ ⌣ ⌣ | _ _ | _ | _ ⌣ ⌣ | _ ⌣ ⌣ | ⌣

45   nīl adeō validum est, adamās licet alliget illud,
_ ⌣ ⌣ | _ ⌣ ⌣ | _ ⌣ ⌣ | _ ⌣ ⌣ | _ ⌣ ⌣ | _ ⌣

ut maneat rapidō firmius igne Jovis;
_ ⌣ ⌣ | _ ⌣ ⌣ | _ | _ ⌣ ⌣ | _ ⌣ ⌣ | ⌣

nīl ita sublīme est suprāque perīcula tendit
_ ⌣ ⌣ | _ _ | _ _ | _ ⌣ ⌣ | _ ⌣ ⌣ | _ ⌣

nōn sit ut inferius suppositumque deō
_ ⌣ ⌣ | _ ⌣ ⌣ | _ | _ ⌣ ⌣ | _ ⌣ ⌣ | _

nam quamquam vitiō pars est contracta malōrum,
_ _ | _ ⌣ ⌣ | _ | _ _ | _ ⌣ ⌣ | _ ⌣

50   plūs tamen exitiī nūminis īra dedit.
_ ⌣ ⌣ | _ ⌣ ⌣ | _ ⌣ ⌣ | _ ⌣ ⌣ | ⌣

at vōs admonitī nostrīs quoque cāsibus este,
_ _ | _ ⌣ ⌣ | _ | _ ⌣ ⌣ | _ ⌣ ⌣ | _ ⌣

aequantem superōs ēmeruisse virum.
_ _ | _ ⌣ ⌣ | _ | _ ⌣ ⌣ | _ ⌣ ⌣ | ⌣

Tristia IV, 10   自伝

ille ego quī fuerim, tenerōrum lūsor amōrum,
_ ⌣ ⌣ | _ ⌣ ⌣ | _ ⌣ ⌣ | _ _ | _ ⌣ ⌣ | _ ⌣

quem legis, ut nōris, accipe posteritās.
_ ⌣ ⌣ | _ _ ⌣ | _ ⌣ ⌣ | _ ⌣ ⌣ | _

Sulmo mihī patria est, gelidīs ūberrimus undīs,
– ∪ ∪ | – ∪ ∪ | – ∪ ∪ | – – | – ∪ ∪ | – –

    mīlia quī noviēs distat ab urbe decem.
    – ∪ ∪ | – ∪ ∪ | – | – ∪ ∪ | – ∪ ∪ | ∪

5 ēditus hīc ego sum, nec nōn, ut tempora nōris,
– ∪ ∪ | – ∪ ∪ | – – | – – | – ∪ ∪ | – ∪

    cum cecidit fātō consul uterque parī:
    – ∪ ∪ | – – | – ∪ ∪ | – ∪ ∪ | –

sī quid id est, usque ā proavīs vetus ordinis hērēs
– ∪ ∪ | – – | – ∪ ∪ | – ∪ ∪ | – ∪ ∪ | – –

    nōn modo fortūnae mūnere factus eques.
    – ∪ ∪ | – – | – | – ∪ ∪ | – ∪ ∪ | ∪

nec stirps prīma fuī; genitō sum frātre creātus,
– – | – ∪ ∪ | – ∪ ∪ | – – | – ∪ ∪ | – ∪

10 quī tribus ante quater mensibus ortus erat.
    – ∪ ∪ | – ∪ ∪ | – | – ∪ ∪ | – ∪ ∪ | ∪

lūcifer ambōrum nātālibus adfuit īdem:
– ∪ ∪ | – – | – – | – ∪ ∪ | – ∪ ∪ | – ∪

    ūna celebrāta est per duo lība diēs:
    – ∪ ∪ | – – | – | – ∪ ∪ | – ∪ ∪ | ∪

haec est armiferae festīs dē quinque Minervae,
– – | – ∪ ∪ | – – | – | – ∪ ∪ | – –

    quae fierī pugnā prīma cruenta solet.
    – ∪ ∪ | – – | – ∪ ∪ | – ∪ ∪ | ∪

15 prōtinus excolimur tenerī cūrāque parentis
    – ∪ ∪ | – ∪ ∪ | – ∪ ∪ | – – | – ∪ ∪ | – ∪

    īmus ad insignēs urbis ab arte virōs.
    – ∪ ∪ | – – | – | – ∪ ∪ | – ∪ ∪ | –

frāter ad ēloquium viridī tendēbat ab aevō,
_ᴗ ᴗ |_ᴗ ᴗ| _ ᴗᴗ|_ _ | _ᴗ ᴗ |_ _

    fortia verbōsī nātus ad arma forī ;
    _ ᴗᴗ| _ _|_| _ᴗ ᴗ |_ ᴗ ᴗ|_

at mihi jam puerō caelestia sacra placēbant,
_ ᴗ ᴗ _ ᴗ ᴗ|_ _ |_ ᴗᴗ|_ ᴗ ᴗ| _ _

20   inque suum furtim Mūsa trahēbat opus.
    _ ᴗ ᴗ|_ _|_ | _ᴗ ᴗ|_ᴗ ᴗ|ᴗ

saepe pater dīxit "studium quid inūtile temptās ?
_ ᴗ ᴗ|_ _|_ ᴗᴗ|_ ᴗ ᴗ|_ᴗᴗ|_ _

    Maeonidēs nullās ipse relīquit opēs."
    _ ᴗᴗ| _ _|_|_ᴗ ᴗ|_ ᴗ|_

mōtus eram dictīs, tōtōque Helicōne relictō
_ᴗ ᴗ|_ _|_ _|_ ᴗᴗ|_ᴗ ᴗ|_ _

    scrībere temptābam verba solūta modīs.
    _ ᴗ ᴗ|_ ᴗ_ | _ᴗ ᴗ|_ᴗ ᴗ|_

25   sponte suā carmen numerōs veniēbat ad aptōs,
    _ ᴗ ᴗ|_ _|_ ᴗ ᴗ|_ ᴗᴗ|_ ᴗ|_ _

et quod temptābam scrībere versus erat.
_ _|_ _|_ | _ᴗ ᴗ|_ ᴗ ᴗ|ᴗ

    intereā tacitō passū lābentibus annīs
    _ᴗ ᴗ|_ᴗ ᴗ|_ _|_ᴗ_ᴗ ᴗ|_ _

līberior frātrī sumpta mihīque toga est,
_ᴗ ᴗ|_ _|_ | _ ᴗ ᴗ|_ᴗ ᴗ|_

    induiturque umerīs cum lātō purpura clāvō,
    _ ᴗᴗ|_ ᴗ ᴗ|_ _|_ _|_ ᴗ ᴗ|_ _

30   et studium nōbīs, quod fuit ante, manet.
    _ ᴗ ᴗ|_ _|_ | _ ᴗᴗ|_ ᴗ|ᴗ

jamque decem vītae frāter gemināverat annōs,
− ∪ ∪ | − −|− −|− ∪ ∪ | − ∪ ∪ | − −

cum perit, et coepī parte carēre meī.
− ∪ ∪ | − ∪ ∪|− | − ∪ ∪ |− ∪ ∪ |⌣

cēpimus et tenerae prīmōs aetātis honōrēs,
−∪ ∪ | − ∪ ∪|− −| − − − |−∪ ∪| − −

ēque virīs quondam pars tribus ūna fuī.
− ∪ ∪|− − | − | − ∪ ∪ |−∪ ∪|⌣

35   cūria restābat: clāvī mansūra coacta est ;
−∪∪| − −| − −|− − | −∪ ∪|− −

mājus erat nostrīs vīribus illud onus.
− ∪ ∪|− − | −|−∪ ∪ |− ∪ ∪|∪

nec patiens corpus, nec mens fuit apta labōrī,
− ∪ ∪|− − | − − | − ∪ ∪|− ∪ ∪|− −

sollicitaeque fugax ambitiōnis eram,
− ∪ ∪|− ∪ ∪| − |− ∪ ∪|−∪ ∪|∪

et petere Āoniae suādēbant tūta sorōrēs
− ∪ ∪ |−∪ ∪|− −| − − | −∪ ∪|− −

40   ōtia jūdiciō semper amāta meō.
−∪∪| −∪ ∪|− | − ∪ ∪|− ∪ ∪|⌣

temporis illīus coluī fōvīque poētās,
− ∪ ∪ |− −| ∪ ∪|− −|− ∪ ∪|− −

quotque aderant vātēs, rēbar adesse deōs.
− ∪ ∪ | − −| − ∪ ∪|− ∪ ∪|⌣

saepe suās volucrēs lēgit mihi grandior aevō,
− ∪ ∪|− ∪ ∪ | − −| − ∪ ∪| − ∪ ∪|− −

quaeque nocet serpens, quae juvat herba, Macer
− ∪ ∪|− −|− | − ∪ ∪ | − ∪ ∪|∪

45   saepe suōs solitus recitāre Propertius ignēs,
       _ ⏑ ⏑|_ ⏑ ⏑|_ ⏑ ⏑|_⏑ ⏑|_ ⏑⏑| _ _

           jūre sodāliciī, quō mihi junctus erat.
           _⏑ ⏑| _⏑ ⏑|| _ ⏑ ⏑| _ ⏑ ⏑|_

       Ponticus hērōō, Bassus quoque clārus iambīs
       _ ⏑⏑| _ _|_ _|_ ⏑ ⏑| _ ⏑ ⏑| _ _

           dulcia convictūs membra fuēre meī.
           _ ⏑⏑| _ _|_| _ ⏑ ⏑|_ ⏑ ⏑|_

       et tenuit nostrās numerōsus Horātius aurēs
       _ ⏑ ⏑|_ _| _ ⏑ ⏑|_⏑ ⏑|_⏑⏑| _ _

50   dum ferit Ausoniā carmina culta lyrā.
           _ ⏑⏑| _ ⏑⏑|| _ ⏑ ⏑| _ ⏑ ⏑|_

       Vergilium vīdī tantum: nec avāra Tibullō
       _ ⏑⏑| _ _| _ _| _ ⏑ ⏑|_⏑ ⏑| _ _

           tempus amīcitiae fāta dedēre meae.
           _ ⏑ ⏑| _⏑⏑|_|_⏑ ⏑|_⏑ ⏑|_

       successor fuit hic tibi, Galle, Propertius illī ;
       _ _|_ ⏑ ⏑|_ ⏑ ⏑| _ ⏑ ⏑|_ ⏑ ⏑|_ _

           quartus ab hīs seriē temporis ipse fuī.
           _ ⏑ ⏑| _ ⏑⏑|_| _ ⏑ ⏑|_ ⏑ ⏑|_

55   utque ego mājōrēs, sīc mē coluēre minōrēs,
       _ ⏑ ⏑| _ _|_ _| _ ⏑ ⏑|_⏑ ⏑| _ _

           nōtaque nōn tardē facta Thalīa mea est.
           _⏑ ⏑| _ _|_|_ ⏑ ⏑|_⏑ ⏑| _

       carmina cum prīmus populō juvenālia lēgī
       _ ⏑ ⏑| _ _|_ ⏑ ⏑|_ ⏑ ⏑|_⏑⏑| _ _

           barba resecta mihī bisve semelve fuit.
           _ ⏑ ⏑|_ ⏑ ⏑|_|_ ⏑ ⏑|_ ⏑ ⏑|_

mōverat ingenium tōtam cantāta per urbem
– ᵕ ᵕ| – ᵕ ᵕ| – –|– – |– ᵕ ᵕ |– ᵕ

60   nōmine nōn vērō dicta Corinna mihī.
– ᵕ ᵕ – –|–| – ᵕ ᵕ |– ᵕ ᵕ |–

multa quidem scrīpsī, sed, quae vitiōsa putāvī,
– ᵕ ᵕ| – –| – – | – ᵕ ᵕ|– ᵕ |– –

ēmendātūrīs ignibus ipse dedī.
– – | – –|– ᵕ ᵕ | – ᵕ ᵕ |–

tunc quoque, cum fugerem, quaedam placitūra cremāvī,
– ᵕ ᵕ | – ᵕ ᵕ|– – |– ᵕ ᵕ|– ᵕ | – –

īrātus studiō carminibusque meīs.
– –|– ᵕ ᵕ|| – ᵕ ᵕ|– ᵕ ᵕ |–

65   molle Cupīdineīs nec inexpugnābile tēlīs
– ᵕ ᵕ|– ᵕ ᵕ |– ᵕ ᵕ| – – | – ᵕ ᵕ| – –

cor mihi, quodque levis causa movēret, erat.
– ᵕ ᵕ| – ᵕ ᵕ|–|– ᵕ ᵕ |– ᵕ ᵕ|ᵕ

cum tamen hīc essem minimōque accenderer ignī,
– ᵕ ᵕ | – –|– ᵕ ᵕ| – – | – ᵕ ᵕ |– –

nōmine sub nostrō fābula nulla fuit.
– ᵕ ᵕ| – – |–| – ᵕ ᵕ| – ᵕ ᵕ|ᵕ

paene mihī puerō nec digna nec ūtilis uxor
– ᵕ ᵕ|– ᵕ ᵕ| – | – ᵕ ᵕ |–ᵕᵕ| – ᵕ

70   est data, quae tempus per breve nupta fuit.
– ᵕ ᵕ| – – |–| – ᵕ ᵕ| – ᵕ ᵕ|ᵕ

illī successit, quamvīs sine crīmine conjunx
– –| – – |– – | – ᵕ ᵕ| – ᵕ ᵕ| – –

nōn tamen in nostrō firma futūra torō.
– ᵕ ᵕ |– – |–| – ᵕ ᵕ|– ᵕ ᵕ |–

ultima, quae mēcum sērōs permansit in annōs,
$- \cup \cup | - \ \ -| - \ -|- \ -| - \cup \cup |- \ -$

    sustinuit conjunx exulis esse virī.
    $- \cup \cup |- \ -|- \ \ |- \cup \cup |- \cup \cup |-$

75 fīlia mē mea bis prīmā fēcunda juventā
    $-\cup\cup | \ - \cup \cup | \ - \ \ -| \ - \ -|- \cup \cup | - \ -$

    sed nōn ex ūnō conjuge, fēcit avum.
    $- \ \ - \ |- \ \ -|-| \ - \cup \cup | \ -\cup \ \cup | \cup$

et jam complērat genitor sua fāta novemque
$- \ - \ | \ - \ \ -| - \cup \cup |- \ \cup \cup -\cup \ \cup | - \ \cup$

    addiderat lustrīs altera lustra novem.
    $- \cup \cup |- \ - | \ -|- \cup \cup | - \ \cup \cup | \cup$

nōn aliter flēvī, quam mē flētūrus ademptum
$- \ \cup\cup|- \ \ -|- \ \ - \ \ | \ - \ \ -|-\cup \ \cup| - \ \ \cup$

80   ille fuit. mātrī proxima busta tulī.
    $-\cup \ \cup|- \ \ \ -|-| \ - \cup \cup | \ - \cup \cup |-$

fēlīcēs ambō tempestīvēque sepultī,
$-\ -| \ - \ - \ | - \ - \ | - \ -| - \cup \ \cup | - \ -$

    ante diem poenae quod periēre meae!
    $- \ \cup \ \cup| - \ \ -|-|-| \ - \ \ \ \cup \cup|-\cup \ \cup |-$

mē quoque fēlīcem, quod nōn vīventibus illīs
$- \ \cup \ \ \cup|--|- \ \ \ \ - \ | - \ \ -| - \cup \cup | - \ -$

    sum miser, et dē mē quod doluēre nihil!
    $- \ \ \cup \ \cup | \ - \ \ -| \ -| \ \ - \ \cup \cup|-\cup \ \cup|\cup$

85 sī tamen extinctīs aliquid nisi nōmina restat,
    $- \cup \ \cup \ \ |- \ \ -| \ - \cup\cup | \ - \ \ \cup \cup | \ - \cup \ \cup | - \ \cup$

    et gracilis structōs effugit umbra rogōs,
    $- \ \ \ \cup \cup|- \ \ \ -|-|- \cup \cup| - \ \ \ \cup \cup| -$

fāma, parentālēs, sī vōs mea contigit, umbrae,
– ⏑   ⏑|–   –|–   –| –   ⏑ ⏑| – ⏑ ⏑| –   –

    et sunt in Stygiō crīmina nostra forō,
    – – –|–   ⏑ ⏑|–| – ⏑ ⏑| –   ⏑ ⏑|–

scīte, precor, causam (nec vōs mihi fallere fās est)
– ⏑   ⏑ ⏑|–   –|–   –| – ⏑ ⏑| – ⏑ ⏑| – –

90   errōrem jussae, nōn scelus, esse fugae.
    – –|–   –|–| –   ⏑ ⏑| – ⏑ ⏑|

Mānibus hoc satis est : ad vōs, studiōsa, revertor,
–⏑ ⏑ | –   ⏑ ⏑|–   –| –   ⏑ ⏑|⏑ ⏑|– ⏑

    pectora, quae vītae quaeritis acta meae,
    – ⏑ ⏑| –   –|–| – ⏑ ⏑|–   ⏑ ⏑|

jam mihi cānitiēs pulsīs meliōribus annīs
–   ⏑ ⏑| –⏑ ⏑|– –|–   ⏑|⏑ ⏑ ⏑|–   –

    vēnerat, antīquās miscueratque comās,
    – ⏑ ⏑ | –   –| –| – ⏑ ⏑|–   ⏑ ⏑|–

95   postque meōs ortūs Pīsaeā vinctus olīvā
    –   ⏑   ⏑|–   –|–   –|–| –   ⏑ ⏑|–

    abstulerat deciens praemia victor eques,
    –   ⏑ ⏑|–   ⏑ ⏑| –   ⏑ ⏑|–   ⏑ ⏑|

cum maris Euxīnī positōs ad laeva Tomītās
–   ⏑ ⏑|–   –|⏑ ⏑|–   –| –   ⏑   ⏑|––

    quaerere mē laesī principis īra jubet.
    – ⏑ ⏑| –   –|–| – ⏑ ⏑|–⏑ ⏑|

causa meae cunctīs nimium quoque nōta ruīnae
– ⏑   ⏑ | –   –|–   ⏑ ⏑| –   ⏑|–⏑ ⏑|– –

100   indiciō nōn est testificanda meō.
    – ⏑ ⏑|–   –|–| – ⏑ ⏑|–   ⏑   ⏑|

quid referam comitumque nefās famulōsque nocentēs ?

_ ∪∪|_ ∪ ∪|_ ∪ ∪|_ ∪ ∪|_ ∪ ∪|_ _

ipsā multa tulī nōn leviōra fugā.

_ _| _ ∪ ∪|_| _ ∪ ∪|_ ∪ ∪|_

indignāta malīs mens est succumbere sēque

_ _|_∪ ∪|_ _|_ _|_ ∪ ∪|_ ∪

praestitit invictam vīribus ūsa suīs ;

_ ∪∪|_ _|_ |_∪ ∪|_∪ ∪|_

105 oblītusque meī ductaeque per ōtia vītae

_ _|_ ∪ ∪|_ _|_ ∪ ∪|_∪∪|_ _

insolitā cēpī temporis arma manū ;

_ ∪ ∪|_ _|_|_ ∪ ∪|_ ∪ ∪|_

totque tulī terrā cāsūs pelagōque quot inter

_ ∪ ∪|_ _|_ _|_ ∪ ∪|_ ∪ ∪|_ ∪

occultum stellae conspicuumque polum.

_ _|_ _|_|_ ∪ ∪|_ ∪ ∪|∪

tacta mihī tandem longīs errōribus actō

_ ∪ ∪|_ _|_ _|_ _|_∪ ∪|_ _

110 juncta pharetrātīs Sarmatis ōra Getīs.

_ ∪ ∪|_ _|_|_ ∪ ∪|_∪ ∪|_

hīc ego, fīnitimīs quamvīs circumsoner armīs,

_ ∪∪|_∪∪|_ _ |_ _|_ ∪ ∪|_ _

tristia, quō possum, carmine fāta levō.

_ ∪∪| _ _|_ | _ ∪ ∪|_∪ ∪|_

quod quamvīs nēmō est, cūjus referātur ad aurēs,

_ _ |_ _|_ _|_ ∪ ∪|_∪ ∪| _ _

sīc tamen absūmō dēcipiōque diem.

_ ∪ ∪ |_ _|_| _∪ ∪|_ ∪ ∪|_

115 ergō quod vīvō dūrīsque labōribus obstō,
    ‒ ˘|‒ ‒|‒ ‒|‒ ˘ ˘|‒˘˘|‒ ‒

   nec mē sollicitae taedia lūcis habent,
    ‒ ‒|‒ ˘˘|‒||‒ ˘˘|‒˘ ˘|‒

  grātia, Mūsa, tibī : nam tū sōlācia praebēs,
    ‒˘˘|‒˘ ˘|‒ ‒|‒ ‒|‒˘˘|‒ ‒

   tū cūrae requiēs, tū medicīna venīs,
    ‒ ˘|‒ ˘ ˘|‒||‒ ˘ ˘|‒˘ ˘|‒

  tū dux et comes es, tū nōs abdūcis ab Histrō,
    ‒ ‒|‒ ˘ ˘|‒ ‒|‒ ‒|‒˘ ˘|‒ ‒

120   in mediōque mihī dās Helicōne locum ;
    ‒ ˘ ˘|‒ ˘ ˘|‒||‒ ˘ ˘|‒˘ ˘|˘

   tū mihi, quod rārum est, vīvō sublīme dedistī
    ‒ ˘ ˘|‒ ‒|‒ ‒|‒ ‒|‒ ˘ ˘|‒ ‒

   nōmen, ab exequiīs quod dare fāma solet.
    ‒ ˘ ˘|‒ ˘ ˘|‒|| ‒ ˘ ˘|‒ ˘ ˘|˘

   nec, quī dētrectat praesentia, līvor inīquō
    ‒ ‒|‒ ‒|‒ ‒|˘ ˘|‒˘ ˘|‒ ‒

   ullum dē nostrīs dente momordit opus.
    ‒ ‒|‒ ‒|‒||‒ ˘ ˘|‒ ˘ ˘|˘

125 nam tulerint magnōs cum saecula nostra poētās,
    ‒ ˘˘|‒ ‒|‒ ‒|‒ ˘˘|‒ ˘ ˘|‒ ‒

   nōn fuit ingeniō fāma maligna meō,
    ‒ ˘˘|‒ ˘˘||‒ ˘ ˘|‒ ˘ ˘|‒

  cumque ego praepōnam multōs mihi, nōn minor illīs
    ‒ ˘ ˘|‒ ‒|‒ ‒|˘ ˘|‒ ˘ ˘|‒ ‒

   dīcor et in tōtō plūrimus orbe legor.
    ‒ ˘ ˘|‒ ‒|‒˘ ˘||‒ ˘ ˘|˘

sī quid habent igitur vātum praesāgia vērī,

_ ⌣ ⌣ | _ ⌣⌣ | _   _ | _   _ | _ _ | _ _

130   prōtinus ut moriar, nōn ero, terra, tuus.

_ ⌣ ⌣ | _ ⌣ ⌣ |_ | _ ⌣ ⌣ | _ ⌣ ⌣ |_

sīve favōre tulī, sīve hanc ego carmine fāmam,

_ ⌣ ⌣ | _ ⌣ ⌣ | _ _ | _   ⌣ ⌣ | _ ⌣ ⌣ | _ ⌣

jūre tibī grātēs, candide lector, agō.

_ ⌣ ⌣ | _ _ | _ | _ ⌣ ⌣ | _ ⌣ ⌣ | _

(4) *Ex Pontō* I, 4　妻へ

  jam mihi deterior canis aspergitur aetas,
    jamque meos vultus ruga senilis arat:
  jam vigor et quasso languent in corpore vires,
    nec, juveni lusus qui placuere, juvant.
5 nec, si me subito videas, agnoscere possis,
    aetatis facta est tanta ruina meae.
  confiteor facere hoc annos, sed et altera causa est,
    anxietas animi continuusque labor.
  nam mea per longos siquis mala digerat annos,
10   crede mihi, Pylio Nestore major ero.

 すでに私にはさらに弱った年齢が白髪に混ぜ合わされ，すでにまた私の顔には老年の皺がよってきている。
 すでに気力もまた体力も，うちひしがれた身体に衰弱している，そして若いときに気に入っていた遊びも楽しませてくれない。
5 もしおまえが突然私を見たら，おまえは（私を）見分けられないだろう，私の年齢からくる崩壊がそれほどまでになされてしまっている。
 歳月がそうしているのだと私は認めるが，しかし他の原因もある，心の不安と打ち続く苦労である。
 なぜなら，もし誰かが長い年月にわたって私の不幸を割り当てて
10 いるとすれば，きっと私はピュロスのネストルより年とっていることになるだろう。

jam mihi dēterior aetās cānīs aspergitur,
　　jamque meōs vultūs rūga senīlis arat:
jam vigor et vīrēs in corpore quassō languent,
　　nec juvant lūsūs quī juvenī placuēre.
5　sī mē subitō videās, nec agnoscere possis,
　　meae aetātis tanta ruīna facta est.
confiteor facere hōc annōs, sed et altera causa est,
　　anxietās animī continuusque labor.
nam sīquis mea mala per longōs annōs dīgerat,
10　crēde mihī, Pyriō Nestore mājor erō.

[語句]

　jam mihi dēterior aetās cānīs aspergitur, すでに私にはさらに弱った年齢が白髪によって混ぜ合わされている；jamque meōs vultūs rūga senīlis arat: すでにまた私の顔に老年の皺がよってきている；jam vigor et vīrēs in corpore quassō languent (-guent 1音節), すでに気力も，また力も打ちひしがれた体に衰弱している；nec juvant lūsūs quī juvenī placuēre. そして若いときに気に入っていた遊びも楽しませてくれない；sī mē subitō videās, nec agnoscere possis, もしおまえが突然私を見たら，おまえは（私を）見分けられないだろう；meae aetātis tanta ruīna facta est. 私の年齢からくるそれほどの崩壊がなされてしまっている；nam sīquis mea mala per longōs annōs dīgerat (接続法現在，仮定)，なぜなら，もし誰かが長い年月にわたって私の不幸を割り当てているとすれば；crēde mihī, Pyliō Nestore mājor erō. 私を信ぜよ，私はピュロスのネストル（3世代を生きたギリシアの長老）より年とっていることになるだろう

　2. rūga arat「皺がよる」

(4) *Ex Pontō* I, 4　妻へ

```
     cernis ut in duris — et quid bove firmius? — arvis
         fortia taurorum corpora frangat opus.
     quae numquam vacuo solita est cessare novali,
         fructibus assiduis lassa senescit humus.
15   occidet, ad circi siquis certamina semper
         non intermissis cursibus ibit equus.
     firma sit illa licet, solvetur in aequore navis,
         quae numquam liquidis sicca carebit aquis.
     me quoque debilitat series inmensa malorum,
20       ante meum tempus cogit et esse senem.
```

　おまえはわかっているが，固い耕地では——そしてなにが雄牛よりも強いだろうか？　——仕事がいかに雄牛の強い身体をも壊してしまうかを。

　仕事を空きにして休閑地として休む習慣がなかった土地は，絶えざる収穫を産むことによって疲れて老いていく。

15　どんな馬であれ，どの競技も省かずに競技場の競技にいつでもでていると，倒れてしまうだろう。

　どんなにそれが丈夫でも，船は海で解体されてしまうだろう，乾かして海水をきらないでは。

　私をもまた不幸の計り知れない連続が無力にしてしまっていて，

20　またそのときに至らずして老人になるように強いている。

cernis ut in dūrīs arvīs — et quid bove firmius? —
    fortia corpora taurōrum frangat opus.
humus quae vacuō novālī cessāre numquam
    solita est, fructibus assiduīs lassa senescit.
15 sīquis equus ad circī certāmina semper nōn
    intermissīs cursibus ībit, occidet.
licet illa firma sit, solvētur nāvis in aequore,
    quae numquam liquidīs aquīs sicca carēbit.
mē quoque dēbilitat seriēs immmensa malōrum,
20   et ante meum tempus cōgit esse senem.

[語句]

cernis ut in dūrīs arvīs — et quid bove firmius? おまえはわかっているが，固い耕地ではいかに——そしてなにが雄牛より強いだろうか？：fortia corpora taurōrum frangat opus. 雄牛の強い体をも仕事が壊してしまうかを；humus quae vacuō novālī (限定の奪格) cessāre numquam solita est, 仕事を空きにして休閑地として休む習慣がなかった土地は；fructibus assiduīs lassa senescit. 絶えざる収穫を産むことことによって疲れて老いてゆく；sīquis equus ad circī certāmina semper nōn intermissīs cursibus ībit, occidet. どんな馬であれ，どの競技も省かずに競技場の競技にいつでもでていると，倒れてしまうだろう；licet illa firma sit, solvētur nāvis in aequore, どんなにそれが丈夫でも，船は海で解体されてしまうだろう；quae numquam liquidīs aquīs sicca carēbit. 乾かして海水をきらないでは；mē quoque dēbilitat seriēs immensa malōrum, 私をもまた不幸の計り知れない連続が無力にしてしまっている；et ante meum tempus cōgit esse senem. そのときにならない前に老人になるように強いている

otia corpus alunt, animus quoque pascitur illis:
　　inmodicus contra carpit utrumque labor.
aspice, in has partis quod venerit Aesone natus,
　　quam laudem a sera posteritate ferat.
25 at labor illius nostro leviorque minorque est,
　　si modo non verum nomina magna premunt.
ille est in Pontum Pelia mittente profectus,
　　qui vix Thessaliae fine timendus erat.
Caesaris ira mihi nocuit, quem solis ab ortu
30　　solis ad occasus utraque terra tremit.

閑暇は身体を育て，心もまたそれによって養われる，それにたいして過度の苦労はこの双方を摘み取ってしまう。

見よ，ずっと後の世からも彼がどれほどの賞賛をうけているかを，アエソンの息子がこの地域に来たからというので。

25 しかし彼の苦労は私のそれより軽いし小さいのだ，もしも大きな名前が真実を押し包みさえしなければ。

彼（イアソン）は　ペリアスが派遣したので黒海に出発した，この（ペリアス）はテッサリア領ではほとんど恐れられるべき者ではなかった。

皇帝の怒りが私に災いした，この人を日の昇るところから日の沈
30　むところまでいずれの地も恐れおののいている。

ōtia corpus alunt, animus quoque pascitur illīs:
    inmodicus labor contrā carpit utrumque.
aspice, quam laudem ā sērā posteritāte ferat,
    quod Aesone nātus in hās partīs vēnerit.
25 at labor illīus nostrō leviorque minorque est,
    sī modo nōn vērum nōmina magna premunt.
ille est profectus in Pontum Peliā mittente,
    quī vix Thessaliae fīne timendus erat.
Caesaris īra mihī nocuit, quem ab ortū sōlis
30   ad occāsūs sōlis utraque terra tremit.

[語句]

　aspice, quam laudem ā sērā posteritāte ferat (接続法現在形), 見よ, ずっと後の世からも彼がどれほどの賞讃をうけているかを；quod Aesone nātus in hās partīs (=partēs) vēnerit (接続法完了形). アエソン（テッサリアのイオルコスの王）の息子（イアソン, 金毛の羊皮を求めて黒海の東端の地コルキスにおもむく）がこの地域に来たから；at labor illīus nostrō (labōre) leviorque minorque est, しかし彼の苦労はわれらのそれより軽いし小さいのだ；sī modo nōn vērum nōmina magna premunt. もしも大きな名前が真実を押し包みさえしなければ；ille est profectus in Pontum Peliā mittente (奪格構文), 彼（イアソン）はペリアス（アエソンの王座を奪った男）が派遣したので黒海に出発した；quī vix Thessaliae fīne timendus erat. 彼（ペリアス）はテッサリア領ではほとんど恐れられるべき者ではなかった；Caesaris īra mihī nocuit, 皇帝の怒りが私に災いした；quem ab ortū sōlis ad occāsūs sōlis utraque (韻律は － ‿ ‿) terra tremit. この人を日の昇るところから日の沈むところまでいずれの地も恐れおののいている

junctior Haemonia est Ponto, quam Roma, Sinistro,
　　　　　　et brevius, quam nos, ille peregit iter.
　　　ille habuit comites primos telluris Achivae:
　　　　　　at nostram cuncti destituere fugam.
35　　nos fragili ligno vastum sulcavimus aequor:
　　　　　　quae tulit Aesoniden, densa carina fuit.
　　　nec mihi Tiphys erat rector, nec Agenore natus
　　　　　　quas fugerem docuit quas sequererque vias.
　　　illum tutata est cum Pallade regia Juno:
40　　　　　defendere meum numina nulla caput.

　　ハエモニアはローマより不吉な黒海に近い，そして彼（イアソン）
　　　　は私よりも短い道のりを果たしたのだ。
　　彼はアカイアの地の主要な人たちを仲間にもっていた，それに反
　　　　して私の追放をみなこぞって見捨ててしまった。
35　私は壊れやすい木の船で広大な海を切り進んだ，アエソンの息子
　　　　（イアソン）を運んだのはしっかりした船だった。
　　そして私にはティピュスという舵手もいなかった，またアゲノル
　　　　の息子が，私が避けるべき道も，またついていくべき道も教
　　　　えはしなかった。
　　王妃であるユノがパラスとともに彼を守護した，いかなる神意も
40　　私の命を守りはしなかった。

Haemonia est junctior Pontō Sinistrō, quam Rōma,
　　et brevius iter, quam nōs, ille perēgit.
ille habuit comitēs prīmōs tellūris Achīvae:
　　at nostram fugam cunctī destituēre.
35　nōs fragilī lignō vastum aequor sulcāvimus:
　　quae Aesonidēn tulit, densa carīna fuit.
nec mihi Tīphys rector erat, nec Agēnore nātus
　　docuit viās quās fugerem, quāsque sequerer.
rēgia Jūnō cum Pallade est tūtāta illum:
40　nulla nūmina meum caput dēfendēre.

[語句]

　Haemonia est junctior Pontō Sinistrō, quam Rōma, ハエモニア（テッサリア）はローマより不吉な［左側の］黒海に近い；et brevius, quam nōs, ille perēgit iter. 彼は（イアソンの遠征は）われらよりも短い道のりを果たしたのだ；ille habuit comitēs prīmōs tellūris Achīvae:彼はアカイア（ギリシア）の地の主要な人たちを仲間にもっていた；at nostram fugam cunctī destituēre. それに反してわれらが追放を皆こぞって見捨ててしまった；nec mihi Tīphys rector erat, そして私にはティピュス（アルゴ号の舵手）という舵手もいなかった；nec Agēnore nātus docuit viās quās fugerem, quāsque sequerer（接続法未完了形）. またアゲノルの息子（トラキアの王ピネウス，盲目の預言者，アルゴ号の船員たちにコルキスへの道を指示した）が，私が避けるべき道も，またついていくべき道も教えはしなかった；rēgia Jūnō cum Pallade est tūtāta illum:（ユピテルの）妃のユノがパラス（アテナ）とともに彼を守護した；nulla nūmina meum caput dēfendēre. いかなる神意も私の命を守りはしなかった

illum furtivae juvere Cupidinis artes;
　　quas a me vellem non didicisset Amor.
ille domum rediit : nos his moriemur in arvis,
　　perstiterit laesi si gravis ira dei.
45　durius est igitur nostrum, fidissima conjunx,
　　illo, quod subiit Aesone natus opus.
te quoque, quam juvenem discedens urbe reliqui,
　　credibile est nostris insenuisse malis.
o, ego di faciant talem te cernere possim,
50　　caraque mutatis oscula ferre comis,

　クピドの秘密の技が彼を助けた，その（技）をアモルが私から学ばなければよかったのだが。
　彼は家に帰った，私はこの地で死ぬだろう，もしも傷ついた神の重い怒りが存続するとすれば。
45　忠実なる妻よ，だから私の仕事はよりつらいのだ，アエソンの息子が耐えたそれよりも。
　都を去るときに私は若いおまえをあとに残したが，おまえも私の不幸によって年をとったに違いない。
　おお，神はなし給え，私がそのようなおまえに会えますように，
50　　そして変わってしまった髪にいとしい口を添え，

    furtīvae artēs Cupīdinis jūvēre illum;
        vellem, quās ā mē nōn didicisset Amor.
    ille domum rediit : nōs moriēmur in hīs arvīs,
        sī gravis īra laesī deī perstiterit.
45 fīdissima conjunx, dūrius est igitur nostrum opus,
        illō quod Aesone nātus subiit.
    tē quoque, quam juvenem discēdens urbe relīquī,
        crēdibile est nostrīs malīs insenuisse.
    ō, dī faciant ego tālem tē cernere possim,
50   cāraque oscula mūtātīs comīs ferre,

[語句]

furtīvae artēs Cupīdinis jūvēre illum; クピドの秘密の技が彼を助けた；vellem (volō の接続法未完了形，実現しなかった願望), quās ā mē nōn didicisset (接続法過去完了形) Amor. その(技)をアモル(クピド)が私から学ばなければよかったのだが; ille domum rediit: nōs moriēmur in hīs arvīs, 彼は家に帰った，我々はこの地で死ぬだろう；sī gravis īra laesī deī perstiterit (接続法完了形). もしも傷ついた神の重い怒りが存続するとすれば; fīdissima conjunx, dūrius est igitur nostrum opus, 忠実なる妻よ，だからわれらが仕事はよりつらいのだ；(dūrius) illō quod Aesone nātus subiit. アエソンの息子(イアソン)が耐えたそれよりも；tē quoque, quam juvenem discēdens urbe relinquī, 都を去るときに私は若いおまえをあとに残したが；crēdibile est nostrīs malīs insenuisse. おまえもわれらが不幸によって年をとったに違いない；ō, dī faciant ego tālem tē cernere possim, おお，神はなし給え，私はそのようなおまえに会えますように；cāraque oscula mūtātīs comīs ferre, そして変わってしまった髪にいとしい口を添え

amplectique meis corpus non pingue lacertis,
    et "gracile hoc fecit" dicere "cura mei,"
et narrare meos flenti flens ipse labores,
    sperato numquam conloquioque frui,
55 turaque Caesaribus cum conjuge Caesare digna,
    dis veris, memori debita ferre manu!
Memnonis hanc utinam lenito principe mater
    quam primum roseo provocet ore diem!

  そしてわが腕にその細い身体を抱きしめて，そして「私への心配がこれほどにやせさせてしまった」と言い，
  そして私自ら自分の苦労を涙ながらに涙ぐむおまえに語り，予期することもなかった会話を楽しみ，
55 皇帝にふさわしいその妻とともに皇帝たちに，本当の神々に，感謝の手でふさわしい香を捧げることができますように。
  どうかメムノンの母が，皇帝が心をやわらげるとき，ばら色の唇でできるだけ早くその日を呼び出してくれますように。

amplectīque meīs lacertīs corpus nōn pingue,
　　et "gracile hōc fēcit cūra meī," dīcere,
et narrāre meōs labōrēs flentī flens ipse,
　　spērātō numquam colloquiōque fruī,
55 Caesaribus cum conjuge Caesare dignā,
　　dīs vērīs, memorī manū dēbita tūraque ferre!
utinam Memnonis māter lēnītō principe
　　quam prīmum roseō ōre hanc diem prōvocet!

[語句]

amplectī (amplector 不定法) que meīs lacertīs corpus nōn pingue, そしてわが腕にその細い体を抱きしめ；et "gracile hōc (adv.) fēcit cūra meī", dīcere, そして「わたしへの心配がこれほどに細くさせてしまった」と言い；et narrāre meōs labōrēs flentī flens ipse, そして私自ら自分の苦労を涙ながらに涙ぐむおまえに語り；spērātō numquam colloquiōque fruī, 予期することもなかった会話を楽しみ；Caesaribus cum conjuge Caesare dignā, 皇帝にふさわしいその妻とともに皇帝たちに（アウグストゥス，ティベリウス，リウィア）；dīs vērīs, memorī manū dēbita tūraque ferre (possim)! 本当の神々に，感謝の手でふさわしい香を捧げることができますように；utinam Memnonis māter lēnītō principe（奪格構文）どうかメムノンの母（アウロラ，曙の女神）が，皇帝が心を和らげるとき；quam prīmum roseō ōre hanc diem prōvocet! ばら色の唇でできるだけ早くその日を呼び出してくれますように

(5) *Ex Pontō* III, 7　友人たちに

    verba mihi desunt eadem tam saepe roganti,
        jamque pudet vanas fine carere preces.
    taedia consimili fieri de carmine vobis,
        quidque petam cunctos edidicisse reor.
5   nostraque quid portet jam nostis epistula, quamvis
        cera sit a vinclis non labefacta suis.
    ergo mutetur scripti sententia nostri,
        ne totiens contra quam rapit amnis eam.
    quod bene de vobis speravi, ignoscite, amici:
10   talia peccandi jam mihi finis erit.

　これほどいくども同じことを願う私には言葉がなくなっている，もう空しい嘆願が終わりをなくしていることを恥ずかしく思う。
　よく似た歌のためにあなたたちには退屈ができていて，私がなにを求めているか皆が暗記してしまっていると思う。
5　また私の手紙がどんな内容かをあなたたちはもう知っている，封印の蝋がその紐から緩められていなくても。
　そこで私の手紙の内容も変えるようにしよう，川の速い流れが運び去るのとは逆のほうにそういくたびも私が行かないように。
　友よ，私があなたたちによい期待をもっていたことを許してく
10　れ，そのようなことで私が過ちを犯すのもこれで終わりになるだろう。

verba dēsunt eadem tam saepe rogantī mihī,
　　jamque pudet vānās precēs fīne carēre.
taedia dē consimilī carmine vōbīs fierī,
　　quidque petam cunctōs ēdidicisse reor.
5　quid portet nostraque epistula jam nōstis, quamvīs
　　cēra sit nōn labefacta ā suīs vinclīs.
ergō mūtētur sententia nostrī scriptī,
　　nē totiens contrā quam amnis rapit eam.
quod bene dē vōbīs spērāvī, ignōscite, amīcī:
10　tālia peccandī fīnis mihi jam erit.

[語句]

　taedia dē consimilī carmine vōbīs fierī, よく似た歌のためにあなたたちには退屈ができていて；quidque petam cunctōs ēdidicisse reor. 私がなにを求めているか皆が暗記してしまっていると思う；quid portet nostraque epistula jam nōstis (nōvistis), またわれらが手紙がどんな内容かをあなたたちはもう知っている；quamvīs cēra sit nōn labefacta ā suīs vinclīs. 封印の蝋がその紐から緩められていなくても；ergō mūtētur (接続法現在形) sententia nostrī scriptī, そこでわれらが手紙の内容が変えられるようにしよう；nē totiens contrā quam amnis rapit eam (eō の接続法現在形). 川の早い流れが運び去るのとは逆のほうにそういくたびも私が行かないように；quod bene dē vōbīs spērāvī, ignōscite, amīcī: 友よ、私があなたたちによい期待をもっていたことを許してくれ；tālia peccandī fīnis mihi jam erit. そのようなことで私が過ちを犯すのももうこれで終わりになるだろう

nec gravis uxori dicar : quae scilicet in me
    quam proba tam timida est experiensque parum,
hoc quoque, Naso, feres: etenim pejora tulisti.
    jam tibi sentiri sarcina nulla potest.
15 ductus ab armento taurus detrectat aratrum,
    subtrahit et duro colla novella jugo:
nos, quibus adsuevit fatum crudeliter uti,
    ad mala jam pridem non sumus ulla rudes.
venimus in Geticos fines: moriamur in illis,
20   Parcaque ad extremum qua mea coepit eat.

また私は妻にとってやっかいな人だと言われまい，彼女は確かに
    私にたいして貞淑であるが同時に臆病で，またあまり意欲的
    ではない。
ナソよ，これもおまえは耐えるがよい，というのも，おまえは
    もっとひどいことをも耐えてきたのだ，もうおまえにはどん
    な荷物もそうとは感じられないはずだ。
15 雄牛は家畜の群れから連れ出されると犂(すき)を拒絶する，そして固い
    くびきから不慣れな首を引き抜いてしまう。
我々は運命が酷使するままに慣らしてきたし，もうずっと以前か
    らどんな不幸にも未経験ではない。
私はゲタエ族の地にきている，そこで私は死のう，わがパルカは
20   始めた道によって終わりまで行くがよい。

nec gravis uxōrī dīcar: quae scīlicet in mē
    tam timida quam proba est experiensque parum.
hoc quoque, Nāsō, ferēs: etenim pējōra tulistī.
    jam tibi sentīrī sarcina nulla potest.
15 ductus ab armentō taurus dētrectat arātrum,
    et subtrahit dūrō jugō colla novella.
nōs, quibus fātum adsuēvit crūdēliter ūtī,
    ad mala ulla tam prīdem nōn sumus rudēs.
vēnimus in Geticōs fīnēs : moriāmur in illīs,
20 Parcaque mea ad extrēmum quā coepit eat.

[語句]

nec gravis uxōrī dīcar:また私が妻にやっかいな人だと言われまい；quae scīlicet in mē tam timida quam proba est experiensque parum. 彼女は確かに私にたいして貞淑であるが同時に臆病で、またあまり意欲的ではない；hoc quoque, Nāsō（韻律は − ⌣, Ars amatoria II, 744 行, III, 812 行を参照), ferēs（未来形、要求): etenim pējōra tulistī. ナソよ、これもおまえは耐えるがよい、というのも、おまえはもっとひどいことをも耐えてきたのだ；jam tibi sentīrī sarcina nulla potest. もうおまえにはどんな荷物も（荷物だとは）感じられないはずだ；nōs, quibus fātum adsuēvit crūdēliter ūtī, 我々は、運命が酷使するままに慣らしてきたし；ad mala ulla tam prīdem nōn sumus rudēs. もうずっと以前からどんな不幸にも未経験ではない；vēnimus in Geticōs fīnēs: moriāmur in illīs, 我々はゲタエ族の地にきている。そこで我々は死のう；Parcaque mea ad extrēmum quā coepit eat. わがパルカ（運命の 3 女神）は始めた道によって終わりまで行くがよい

(5) *Ex Pontō* III, 7　友人たちに

spem juvat amplecti, quae non juvat inrita semper,
　　et, fieri cupias siqua, futura putes:
proximus huic gradus est bene desperare salutem,
　　seque semel vera scire perisse fide.
25 curando fieri quaedam majora videmus
　　vulnera, quae melius non tetigisse fuit.
mitius ille perit, subita qui mergitur unda,
　　quam sua qui tumidis bracchia lassat aquis.
cur ego concepi Scythicis me posse carere
30　　finibus et terra prosperiore frui?

希望を抱くことは楽しいが，それがいつも果たせないのでは楽しくないし，またもしなにかが果たされるのを願うのならば，それが実現すると信じるべきだ。
そのつぎの段階は救済をまったくあきらめることである，そしてこれを最後に自ら断固として死ぬことを覚悟することである。
25 治療によってある傷はさらに悪くなるのを我々はみている，それには触れないことがよかったのだ。
襲ってきた水に呑み込まれる人は，盛り上がる水にもがいて自分の腕を疲れ果てさせてしまう人よりは，穏やかに死ぬ。
なぜ私はスキュティアの地を離れて，そしてより幸いな土地を楽
30　　しむことができると考えたのだろうか。

spem amplectī juvat, quae inrita semper nōn juvat,
　　et sīqua fierī cupiās, futūra putēs:
proximus huīc gradus est bene dēspērāre salūtem,
　　sēque semel vērā fidē scīre perīsse.
25 cūrandō quaedam vulnera mājōra fierī
　　vidēmus, quae melius nōn tetigisse fuit.
ille mītius perit, quī subitā undā mergitur,
　　quam quī sua bracchia tumidīs aquīs lassat.
cūr ego concēpī Scythicīs fīnibus mē carēre
30　　posse et terrā prosperiōre fruī?

[語句]

spem amplectī juvat, quae inrita semper nōn juvat, 希望を抱くことは楽しいが，それがいつも果たせないのでは楽しくない；et sīqua fierī cupiās, futūra (esse) putēs (接続法現在形): そしてもしなにか（希望）が果たされるのを願うのならば，あなたはそれが実現すると信じるべきだ; proximus huīc gradus est bene dēspērāre salūtem, そのつぎの段階は救済をまったくあきらめることである；sēque semel vērā fidē scīre perīsse. そしてこれを最後に自ら真の誓いにおいて死ぬことを覚悟することである；cūrandō quaedam vulnera mājōra fierī vidēmus, 治療によってある傷はさらに悪くなるのを我々はみている；quae melius nōn tetigisse fuit. その（傷）には触れないことがよりよかったのだ。; ille mītius perit, quī subitā undā mergitur, 彼はより穏やかに死ぬ，襲ってきた水に呑み込まれる人は；quam quī sua bracchia tumidīs aquīs lassat. 盛り上がる水にもがいて自分の腕を疲れ果てさせてしまう（死ぬ）人よりは

cur aliquid de me speravi lenius umquam?
　　an fortuna mihi sic mea nota fuit?
torqueor en gravius, repetitaque forma locorum
　　exilium renovat triste recensque facit.
35　est tamen utilius, studium cessare meorum,
　　quam, quas admorint, non valuisse preces.
magna quidem res est, quam non audetis, amici:
　　sed si quis peteret, qui dare vellet, erat.
dummodo non nobis hoc Caesaris ira negarit,
40　　fortiter Euxinis immoriemur aquis.

なぜ私はかつて自分についてあるもっと穏やかなことを期待したのだろうか，それともこうなってみて私の運命が私に思い知られるにいたったのか。

ああ，私はさらに重く苦しめられている，この場所の様相を繰り返し描くことは流刑の罪を改めて知らせ，悲しくまた新たなものにする。

35　しかし私の知る人たちの熱意が止まっていることのほうがまだましである，彼らが寄せた嘆願が空しくなってしまうよりは。

確かにことは重大である，それにはあなたたちがあえて手を下せないのだ，友たちよ，しかしもし誰かが求めれば，認めようという人がいたのだ。

我々に皇帝の怒りがこれを拒否しない限り，黒海のほとりで私は
40　　潔く死ぬであろう。

cūr aliquid lēnius dē mē spērāvī umquam?
    an fortūna mea mihī sīc nōta fuit?
torqueor ēn gravius, repetītaque forma locōrum
    exilium renovat triste recensque facit.
35 est tamen ūtilius, studium meōrum cessāre,
    quam nōn valuisse precēs, quās admōrint.
quidem magna rēs est, quam nōn audētis, amīcī:
    sed sī quis peteret, quī dare vellet, erat.
dummodo nōbīs hoc Caesaris īra nōn negārit,
40   fortiter immoriēmur Euxīnīs aquīs.

[語句]

cūr aliquid lēnius dē mē spērāvī umquam? なぜ私はかつて自分についてあるもっと穏やかなことを希望したのだろうか；an fortūna mea mihī sīc nōta fuit? それともこうなってみて私の運命が私に思い知られるにいたったのか；torqueor ēn gravius, repetītaque forma locōrum exilium renovat ああ、私はさらに重く苦しめられている、この場所の様相を繰り返し描くことは流刑の罪を改めて知らせ；triste recensque facit. 悲しくまた新たなものにする；est tamen ūtilius, studium meōrum cessāre, しかし私の（友たち）の熱意が止まっていることのほうがまだましである；quam nōn valuisse precēs, quās admōrint (= ad-mōverint). 彼らが寄せた嘆願が空しくなってしまうよりは；quidem magna rēs est, quam nōn audētis, amīcī: 確かにことは重大である、それにあなたたちがあえて手を下せないのだ、友たちよ；sed sī quis peteret (接続法未完了形), quī dare vellet (volō の接続法未完了形), erat. しかしもし誰かが求めれば、認めようという人（アウグストゥス）がいたのだ

(6) *Amōrēs* I, 2　アモルの凱旋

    esse quid hoc dicam, quod tam mihi dura videntur
        strata, neque in lecto pallia nostra sedent,
    et vacuus somno noctem, quam longa, peregi,
        lassaque versati corporis ossa dolent?
5 nam puto, sentirem, siquo temptarer amore.
        an subit et tecta callidus arte nocet?
    sic erit; haeserunt tenues in corde sagittae,
        et possessa ferus pectora versat Amor.
    cedimus, an subitum luctando accendimus ignem?
10   cedamus! leve fit, quod bene fertur, onus.

　これはなんと言おうか，私には寝床はこんなに固く思われるし，また私の上掛けは寝台におさまっていない，
　そして眠りを欠いて私が夜を，なんと長い（夜を），過ごして，そしてあちこちと寝返りをうった身体の疲れた骨が痛んでいるのだから。
5　なぜなら，思うに，もし何か恋に私が襲われたのなら，そう感じるはずだ，それとも（恋が）忍びよって隠された技で巧みに危害をあたえているのか。
　そうだろう，細い矢が心臓に突き刺さって，そして残酷なアモルがわがものにした胸を苦しめている。
　私は譲ろうか，それとも忍びよる火を格闘することによって煽りたてようか。譲ろう，荷はうまく運べれば軽くなる。

quid esse hoc dīcam, quod tam dūra strāta mihi
    videntur, neque in lectō pallia nostra sedent,
et vacuus somnō noctem, quam longa, perēgī,
    lassaque ossa versātī corporis dolent?
5 nam, putō, sentīrem, sīquō temptārer amōre.
    an subit et tectā arte callidus nocet?
sīc erit; haesērunt tenuēs sagittae in corde,
    et possessa pectora ferus Amor versat.
cēdimus, an subitum ignem luctandō accendimus?
10   cēdāmus! leve fit onus, quod bene fertur.

[語句]

quid esse hoc dīcam, これはなんと言おうか；quod tam dūra strāta mihi videntur, neque in lectō pallia nostra sedent, 私には敷布団はこんなに固く思われるし，またわれらが上掛けは寝台におさまっていないし；et vacuus somnō noctem, quam longa, perēgī, そして眠りを欠いて私が夜を―なんと長い（夜）―過ごして；lassaque ossa versātī corporis dolent? そしてあちこちと寝返りをうった体の疲れた骨が痛んでいるのだから；nam, putō（韻律は ⌣⌣），sentīrem（接続法未完了形），sīquō temptārer（接続法未完了受動形）amōre. なぜなら，思うに，もしなにか恋に私が襲われたのなら，そう感じるはずだ；an subit et tectā arte callidus nocet? それとも（恋が）忍びよって隠された技で巧みに危害を与えているのか；sīc erit; haesērunt tenuēs sagittae in corde, そうだろう，細い矢が心臓に突き刺さって；et possessa pectora ferus Amor versat. そして残酷なアモルが（アモルに）わがものにした胸を苦しめている；cēdimus, an subitum ignem luctandō accendimus? 我々は譲ろうか，それとも忍び寄る火を格闘することによって煽りたてようか

vidi ego jactatas mota face crescere flammas
    et vidi nullo concutiente mori,
verbera plura ferunt, quam quos juvat usus aratri,
    detractant pressi dum juga prima boves.
15 asper equus duris contunditur ora lupatis,
    frena minus sentit, quisquis ad arma facit.
acrius invitos multoque ferocius urget
    quam qui servitium ferre fatentur Amor.
en ego confiteor! tua sum nova praeda, Cupido;
20   porrigimus victas ad tua jura manus.

私は見た，松明を動かすことによって振り回された炎が大きくなるのを，そして誰も揺り動かさないと消えていくのを。
抑えつけられた牛が最初のくびきを拒んでいる間は，より多くの鞭をうける，犂の使用を喜ぶ牛よりも。
15 荒い馬は固いはみによって口に傷を負わされる，馬具に適応している(馬)はどれもくつわをそれほどに感じない。
アモルは嫌がる者をはるかにより激しく荒々しく苦しめる，奴隷のように仕えると認める者よりは。
ああ私は白状する，私はおまえの新しい戦利品だ，クピドよ，私
20 は敗者の手をおまえの掟にむかってさしのべよう。

```
    ego vīdī mōtā face jactātās flammās crescere
        et vīdī nullō concutiente morī.
    verbera plūra ferunt, quam quōs juvat ūsus arātrī,
        dum pressī bovēs juga prīma dētractant.
15  asper equus dūrīs lupātīs ōra contunditur,
        frēna minus sentit, quisquis ad arma facit.
    Amor ācrius ferōcius urget invītōs multōque
        quam quī servitium ferre fatentur.
    ēn ego cōnfiteor! tua nova praeda sum, Cupīdō;
20      porrigimus victās manūs ad tua jūra.
```

[語句]

ego vīdī mōtā face jactātās flammās crescere 私は見た，動かされた松明によって振り回された炎が大きくなるのを；et vīdī nullō concutiente（奪格構文）morī. そして誰も揺り動かさないと消えてゆくのを見た；verbera plūra ferunt, quam (bovēs) quōs juvat ūsus arātrī, 彼らはより多くの鞭をうける，犂の使用が喜ばすもの（牛）よりも；dum pressī bovēs juga prīma dētractant. 抑えつけられた牛が最初のくびきを拒んでいる間は；asper equus dūrīs lupātīs ōra contunditur, 荒い馬は固いはみによって口に傷を負わされる；frēna minus sentit, quisquis ad arma facit. 馬具に適応している（馬）はどれもくつわをそれほどに感じない

nil opus est bello; veniam pacemque rogamus;
　　　nec tibi laus armis victus inermis ero.
necte comam myrto, maternas junge columbas;
　　　qui deceat, currum vitricus ipse dabit;
25　inque dato curru, populo clamante triumphum,
　　　stabis et adjunctas arte movebis aves.
ducentur capti juvenes captaeque puellae;
　　　haec tibi magnificus pompa triumphus erit.
ipse ego, praeda recens, factum modo vulnus habebo
30　　　et nova captiva vincula mente feram.

戦いの必要はない，私は容赦と平和を求める，武器をもたずに破れた私はおまえにとってその武器による名誉にはならないだろう。

髪にミルテをまきつけよ，母の鳩をつなげ，義父は自らふさわしい車を贈るだろう。

25　その与えられた車に，民衆が凱旋を叫んでいるときに，おまえは立ち，そしてつながれた鳥を技を使って操るがよい。

捕らわれた若者たちと捕らわれた乙女たちが引かれていくだろう，この行列はおまえにとって華麗な凱旋式になるだろう。

私自身は最近の獲物として，うけたばかりの傷をもって，そして
30　　　捕虜の心で新しい鎖に耐えるだろう。

nīl opus est bellō, veniam pācemque rogāmus;
　　nec tibi armīs laus victus inermis erō.
necte comam myrtō, māternās columbās junge;
　　currum quī deceat, vītricus ipse dabit;
25　inque datō currū, populō clāmante triumphum,
　　stābis et adjunctās avēs arte movēbis.
dūcentur captī juvenēs captaeque puellae;
　　haec pompa tibi magnificus triumphus erit.
ipse ego, praeda recens, factum modo vulnus habēbō
30　et nova vincula captīvā mente feram.

[語句]

nīl opus est bellō; veniam pācemque rogāmus; 戦いは必要ない。我々は容赦と平和を求める; nec tibi armīs laus victus inermis erō. また武器をもたずに破れた私はおまえにとってその武器による名誉にはならないだろう; necte comam myrtō, māternās columbās junge; 髪にミルテ（月桂冠, ミルテはウェヌスの聖木）を巻きつけよ、（馬の代わりに）母の鳩（ウェヌスの聖鳥）をつなげ; currum quī deceat, vītricus ipse dabit; 義父（ウォルカヌス、ウェヌスの夫）自ら（おまえに）ふさわしい車を贈るだろう; inque datō currū, populō clāmante triumphum (奪格構文), その与えられた車に、民衆が凱旋を叫んでいるときに; stābis et adjunctās avēs arte movēbis. おまえは立ち、そしてつながれた鳥を技を使って操るがよい

Mens Bona ducetur manibus post terga retortis,
　　et Pudor, et castris quidquid Amoris obest.
omnia te metuent; ad te sua bracchia tendens
　　vulgus "io" magna voce "triumphe!" canet.
35　blanditiae comites tibi erunt Errorque Furorque,
　　adsidue partes turba secuta tuas.
his tu militibus superas hominesque deosque;
　　haec tibi si demas commoda, nudus eris.
laeta triumphanti de summo mater Olympo
40　　plaudet et adpositas sparget in ora rosas.

　理性が引かれていくだろう，両手を後ろ手に背中の後ろに回されて，そしてまた恥じらいも，そしてアモルの陣営に邪魔になるものはなんでも。
　すべてのものがおまえを恐れるだろう，民衆はおまえに向かってその腕をさしのべて大声で歌うだろう，イオー，凱旋と。
35　媚びと迷いと狂気がおまえにとって供となるだろう，おまえの一派にいつも従う群れとして。
　おまえはこれらの兵士たちによって人々も神々も征服する，もしおまえがこれらの役に立つものを取り去るならば，おまえは裸になるだろう。
　凱旋する（おまえ）に喜んだ母はオリュンポスの山の頂上から喝
40　采を送り，そして供えられたばらを顔にまくだろう。

Mens Bona dūcētur manibus retortīs post terga,
　　et Pudor, et quidquid Amōris castrīs obest.
omnia tē metuent; vulgus ad tē sua bracchia
　　tendens magnā vōce canet, "iō, triumphe!"
35　Blanditiae Errorque Furorque tibi comitēs erunt,
　　adsiduē secūta turba tuās partēs.
tū hīs mīlitibus superās hominēsque deōsque;
　　sī haec commoda tibi dēmās, nūdus eris.
laeta māter dē summō Olympō triumphantī
40　plaudet et adpositās rosās in ōra sparget.

[語句]

　Mens Bona dūcētur manibus retortīs post terga, 理性が引かれていくだろう，両手を後ろ手に背中の後ろに回されて；et Pudor, et quidquid Amōris castrīs obest. また恥じらいも，そしてアモルの陣営に邪魔になるものはなんでも；Blanditiae Errorque Furorque tibi comitēs erunt, 媚びと迷いと狂気がおまえにとって供となるだろう；adsiduē secūta turba tuās partēs. おまえの一派にいつも従う群れとして；tū hīs mīlitibus superās hominēsque deōsque; おまえはこれらの兵士たちによって人々も神々も征服する；sī haec commoda tibi dēmās, nūdus eris. もしおまえがこれらの役に立つものをおまえから取り去るならば，おまえは裸になるだろう

(6) *Amōrēs* I, 2　アモルの凱旋

```
       tu pinnas gemma, gemma variante capillos
           ibis in auratis aureus ipse rotis.
       tunc quoque non paucos, si te bene novimus, ures;
           tunc quoque praeteriens vulnera multa dabis.
45     non possunt, licet ipse velis, cessare sagittae;
           fervida vicino flamma vapore nocet.
       talis erat domita Bacchus Gangetide terra;
           tu gravis alitibus, tigribus ille fuit.
       ergo cum possim sacri pars esse triumphi,
50         parce tuas in me perdere, victor, opes.
       adspice cognati felicia Caesaris arma;
           qua vicit, victos protegit ille manu.
```

　　おまえは翼を宝石で，宝石で髪をさまざまな色にして飾り，黄金の車に乗って自らも黄金に輝いて進むだろう。
　　そのときまた少なからざる人をおまえは焼くだろう，もし私がおまえをよく知っているとすれば，そのときまた通り過ぎながらおまえは多くの傷をあたえるだろう。
45　その矢は休むことができない，たとえおまえが自ら望んでも。熱い炎が近くにくる者に熱気によって害をあたえる。
　　バックスもこのような(神)だった，ガンジスの地を征服したとき，おまえは鳥にとって重く，彼は虎にとって重かった。
　　それゆえ私が聖なる凱旋の一員になることができるだろうから，
50　　私のためにおまえの力を無駄に費やすのを慎め，勝利者よ。
　　親族である皇帝の幸運な武器をみよ，勝利したその手で彼は負けた者をかばっている。

tū pinnās gemmā, gemmā variante capillōs
　　　　　ībis in aurātīs rotīs aureus ipse.
　　　tunc quoque nōn paucōs ūrēs, sī bene tē nōvimus,
　　　　　tunc quoque praeteriens vulnera multa dabis.
45　nōn possunt cessāre sagittae, licet ipse velīs,
　　　　　fervida flamma vīcīnō vapōre nocet.
　　　tālis erat Bacchus domitā Gangētide terrā;
　　　　　tū gravis ālitibus, tigribus ille fuit.
　　　ergō cum possim sacrī triumphī pars esse,
50　　　　parce tuās opēs in mē perdere, victor.
　　　adspice fēlīcia arma cognātī Caesaris;
　　　　　manū quā vīcit, ille victōs prōtegit.

[語句]

　tunc quoque nōn paucōs ūrēs, sī tē bene nōvimus, そのときまた少なからざる人をおまえは焼くだろう、もし我々がおまえをよく知っているとすれば；tunc quoque praeteriens vulnera multa dabis. そのときまた通り過ぎながらおまえは多くの傷を与えるだろう；tālis erat Bacchus domitā Gangētide terrā（奪格構文）；バックスもこのような（神）だった，ガンジスの地が（その神によって）征服されたとき；tū gravis ālitibus, tigribus ille fuit. おまえは鳥にとって重く（26 行を参照），彼は虎にとって（重く）あった；ergō cum possim sacrī triumphī pars esse, それゆえ私が聖なる凱旋の一員になることができるだろうから；parce tuās opēs in mē perdere, victor. 私のためにおまえの力を無駄に費やすのを慎め，勝利者よ；adspice fēlīcia arma cognātī Caesaris 親族である皇帝（アウグストゥスはウェヌスの後裔）の幸運な武器をみよ；manū quā vīcit, ille victōs prōtegit. 勝利したその手で，彼は負けた者をかばっている

(7) *Amōrēs* I, 5　昼下がりの恋

　　aestus erat, mediamque dies exegerat horam;
　　　　adposui medio membra levanda toro.
　　pars adaperta fuit, pars altera clausa fenestrae;
　　　　quale fere silvae lumen habere solent,
5　qualia sublucent fugiente crepuscula Phoebo,
　　　　aut ubi, nox abiit, nec tamen orta dies.
　　illa verecundis lux est praebenda puellis,
　　　　qua timidus latebras speret habere pudor.
　　ecce, Corinna venit, tunica velata recincta,
10　　　candida dividua colla tegente coma;

　暑かった，そして日は真昼の時間を過ぎていた，私は寝床の真ん中に休ませねばならない体を横たえた。
　窓の一部は開けられていた，もう一部は閉められていた，明るさはほぼ森がいつももつような類のもの。
5　太陽が去りつつあるときにたそがれがかすかに輝く類のもの，あるいは夜が去り，しかもまだ日が昇らないときのようなもの。
　そうした光は慎みをもつ乙女たちに提供されるべきだ，おずおずした恥じらいが隠れ場をもつことを望めるようにするために。
　見よ，コリンナがくる，帯を解いたままの服をまとって，分けた
10　　髪が白いうなじを覆って。

aestus erat, mediamque hōram diēs exēgerat;
    adposuī mediō torō membra levanda.
pars fenestrae adaperta fuit, pars altera clausa;
    lūmen quāle ferē silvae habēre solent,
5 crepuscula quālia sublūcent fugiente Phoebō,
    aut ubi nox abiit, nec tamen orta diēs.
illa lux est praebenda verēcundīs puellīs,
    quā timidus pudor latebrās habēre spēret.
ecce, Corinna venit, tunicā recinctā vēlāta,
10   dīviduā comā tegente candida colla;

[語句]

　aestus erat, mediamque hōram diēs exēgerat; 暑かった，そして日は真昼の時間を過ぎていた；adposuī mediō torō membra levanda. 私は寝床の真ん中に休ませねばならない体を横たえた；pars fenestrae adaperta fuit, pars altera clausa; 窓の一部は開けられていた，もう一部は閉められていた；lūmen quāle ferē silvae habēre solent, (ここの)明るさはほぼ森がいつももつような類のもの; crepusucula quālia sublūcent fugiente Phoebō(奪格構文), ポエブス(太陽)が去りつつあるときにたそがれがかすかに輝く類のもの；aut ubi nox abiit, nec tamen orta diēs. あるいは夜が去り，しかもまだ日が昇らないときのようなもの；ecce, Corinna venit, tunicā recinctā vēlāta, 見よ，コリンナがくる，帯を解いたままの服をまとって；dīviduā comā tegente candida colla (奪格構文); 分けた髪が白いうなじを覆って

qualiter in thalamos famosa Semiramis isse
    dicitur, et multis Lais amata viris.
deripui tunicam; nec multum rara nocebat;
    pugnabat tunica sed tamen illa tegi.
15 quae cum ita pugnaret, tamquam quae vincere nollet,
    victa est non aegre proditione sua.
ut stetit ante oculos posito velamine nostros,
    in toto nusquam corpore menda fuit.

このような姿で，有名なセミラミスが寝室に入ったといわれている，そして多くの男たちに愛されたライスも。
私は服をはぎとった，それは薄いのでさしたる害にはならなかった，しかしそれでも彼女は服で身が隠されるように反抗した。
15 彼女が勝つことを望まない者のように，そのように反抗しているうちに彼女は苦もなく自らの裏切りによって打ち負かされた。
彼女が身体を覆うものをとって私の目の前に立ったときに，全身どこにも欠点はなかった。

qualiter famosa Semiramis in thalamos isse
    dicitur, et Lais amata multis viris.
deripui tunicam; nec multum rara nocebat;
    sed tamen illa tunica tegi pugnabat.
15 quae cum ita pugnaret, tamquam quae vincere nollet,
    victa est non aegre proditione sua.
ut stetit ante oculos nostros posito velamine,
    in toto corpore nusquam menda fuit.

[語句]

qualiter famosa Semiramis in thalamos isse (eō 完了，iī 不定形) dicitur, 有名なセミラミス（アッシリアの美しい女王）が寝室に入ったといわれている，そのような姿で；et Lais amata multis viris. そして多くの男に愛されたライス（コリントスの有名な遊女）も，（そのような姿で）；deripui tunicam; nec multum rara nocebat; 私は服をはぎとった。（服は）薄いのでさしたる害にはならなかった；sed tamen illa tunica tegi pugnabat. しかしそれでも彼女は服で身がかくされるように反抗した；quae cum ita pugnaret, tamquam quae vincere nollet, 彼女が勝つことを望まない者のように，そのように反抗しているうちに；victa est non aegre proditione sua. 彼女は苦もなく自らの裏切りによって打ち負かされた；ut stetit ante oculos nostros posito velamine (奪格構文), 彼女が体を覆うものをとって我らが目の前に立ったとき；in toto corpore nusquam menda fuit. 全身どこにも欠点はなかった

quos umeros, quales vidi tetigique lacertos!
20   forma papillarum quam fuit apta premi!
quam castigato planus sub pectore venter!
       quantum et quale latus! quam juvenale femur!
singula quid referam? nil non laudabile vidi
       et nudam pressi corpus ad usque meum.
25 cetera quis nescit? lassi requievimus ambo.
       proveniant medii sic mihi saepe dies!

なんという肩，なんという腕を私は見た，また触れたことか，乳
20　首の形は抑えられるのになんと適していたことか。
　引き締まった胸の下に腹がなんと平らなことか，わき腹のなんた
　る豊かさ，そしてなんたる美しさ，太もものなんと若々しい
　ことか。
　どうしてひとつひとつを述べる必要があろうか。ほめられないよ
　うななにものも私は見なかった，そして裸の(彼女)を私の身
　体にまで押しつけた。
25 その他のことをだれが知らないであろうか，我々はふたりとも
　疲れて休息した。真昼がしばしばこのように私に現れますよ
　うに。

quōs umerōs, quālēs lacertōs vīdī tetigīque!
20   quam apta fuit premī forma papillārum!
quam sub castīgātō pectore plānus venter!
        quantum et quāle latūs! quam juvenāle femur!
quid singula referam? nīl nōn laudābile vīdī
        et nūdam pressī usque ad meum corpus.
25   quis cētera nescit? lassī ambō requiēvimus.
        prōveniant mediī diēs sīc mihi saepe!

[語句]

　quōs umerōs, quālēs lacertōs vīdī tetigīque! なんという肩，なんという腕を私は見た，また触れたことか；prōveniant (接続法現在形) mediī diēs sīc mihi saepe! 真昼がしばしばこのように私に現れますように

(8) *Amōrēs* II, 9–A　恋を終えて

    o numquam pro me satis indignate Cupido,
        o in corde meo desidiose puer,
    quid me, qui miles numquam tua signa reliqui,
        laedis, et in castris vulneror ipse meis?
5 cur tua fax urit, figit tuus arcus amicos?
        gloria pugnantes vincere major erat.
    quid? non Haemonius, quem cuspide perculit, heros
        confossum medica postmodo juvit ope?
    venator sequitur fugientia, capta relinquit
10   semper et inventis ulteriora petit.

　私のために決して十分に腹を立てないクピドよ，わが心のなかで働きのない少年よ。
　兵士として決しておまえの軍旗を捨てたことのなかった私を，どうしておまえは傷つけるのか，そしてわが陣営において私が傷をうけるのか。
5　なぜおまえの松明は(友を)焼き，おまえの弓は友を貫くのか，戦う相手たちを負かすことがより大きな名誉であったのに。
　どうしてか，ハエモニアの英雄は槍で突いた者を，その突き刺された者をその後に医療の力で助けはしなかったか。
　狩人は逃げていくものを追う，捕らえられたものをあとに残して
10　　いき，そしてみつけたものより先のものをいつも求める。

ō numquam prō mē satis indignāte Cupīdō,
    ō in corde meō dēsidiōse puer,
quid mē, quī mīles numquam tua signa relīquī,
    laedis, et in castrīs meīs vulneror ipse?
5 cur tua fax ūrit, tuus arcus amīcōs fīgit?
    pugnantēs vincere glōria mājor erat.
quid? nōn Haemonius hērōs, quem cuspide perculit,
    confossum medicā ope postmodo jūvit?
vēnātor sequitur fugientia, capta relinquit
10   semper et inventīs ulteriōra petit.

[語句]

o numquam prō mē satis indignāte Cupīdō, おお，私のために決して十分に腹を立てないクピドよ；o in corde meō dēsidiōse puer, おお，わが心のなかで働きのない少年よ; quid mē, quī mīles numquam tua signa relīquī, laedis, 兵士として決しておまえの軍旗を捨てたことのなかった私をどうしておまえは傷つけるのか；et in castrīs meīs vulneror ipse? そしてわが陣営において私が傷をうけるのか; quid? nōn Haemonius hērōs, quem cuspide perculit, どうしてか，ハエモニア（テッサリア）の英雄（アキレス）は槍で突いた者（テレプス）を；confossum medicā ope postmodo jūvit? その突き刺された者を医療の力でその後に助けはしなかったか（ミュシアの王テレプスは，トロイアと誤って上陸したギリシア軍と戦い，アキレスに太ももを傷つけられた。8年後にアポロンの神託のとおり，アウリスでアキレスの治療をうけて傷はなおったので，その代わりにギリシア軍をトロイアに導いたという）

nos tua sentimus, populus tibi deditus, arma;
　　pigra reluctanti cessat in hoste manus.
quid juvat in nudis hamata retundere tela
　　ossibus? ossa mihi nuda relinquit amor.
15　tot sine amore viri, tot sunt sine amore puellae:
　　hinc tibi cum magna laude triumphus eat.

　　我々はおまえの武器を感じている，おまえに降伏した者たちとして。怠惰なその手は逆らう敵にはためらっている。
　　とげのついた矢を裸の骨でその先を鈍らせてなんになるのか，アモルは私に骨を裸にして残していく。
15　恋のない男がこれほどに，恋のない乙女がこれほどに多くいる，それだからおまえの凱旋は大きな賞賛とともに進むがよい。

nōs tua arma sentīmus, populus tibi dēditus;
    pigra manus in hoste reluctantī cessat.
quid juvat in nūdīs ossibus hāmāta tēla
    retundere? ossa nūda mihī amor relinquit.
15 tot virī sine amōre, tot puellae sine amōre sunt:
    hinc tibi cum magnā laude triumphus eat.

[語句]

nōs tua arma sentīmus, populus tibi dēditus; 我々はおまえの武器を感じている、おまえに降伏した者たちとして; pigra manus in hoste reluctantī cessat. 怠惰な（おまえの）手は逆らう敵にはためらっている; quid juvat in nūdīs ossibus hāmāta tēla retundere? とげのついた矢を裸の骨でその先を鈍らせてなんになるのか; ossa nūda mihī amor relinquit. アモルは私に骨を裸にして残して行く

Roma, nisi inmensum vires movisset in orbem,
　　　stramineis esset nunc quoque tecta casis.
fessus in acceptos miles deducitur agros;
20　　　mittitur in saltus carcere liber equus;
longaque subductam celant navalia pinum,
　　　tutaque deposito poscitur ense rudis.
me quoque, qui totiens merui sub amore puellae,
　　　defunctum placide vivere tempus erat.

　　ローマは，もし計り知れないほど大きな世界に力を振わなかった
　　　ならば，今もまたわらぶきの小屋に覆われていただろう。
　　疲れた兵士は受けとった畑に引退させられる，競争コースのス
20　　　タートから自由になった馬は牧場に送られる。
　　長い造船所は陸揚げされた船を隠す，剣を置くと安全な木刀が要
　　　求される。
　　それほどしばしば乙女の恋のもとに勤務した私もまた，役を終え
　　　て静かに生きるときだった。

Rōma, nisi vīrēs in inmensum orbem mōvisset,
　　nunc quoque strāmineīs casīs tecta esset.
fessus mīles in acceptōs agrōs dēdūcitur;
20　　carcere līber equus in saltūs mittitur;
longaque nāvālia subductam pīnum cēlant,
　　dēpositō ense tūtaque rudis poscitur.
mē quoque, quī totiēns meruī sub amōre puellae,
　　dēfunctum placidē vīvere tempus erat.

[語句]

Rōma, nisi vīrēs in inmensum orbem mōvisset, ローマは，もし計り知れないほど大きな世界に力を振わなかったならば；nunc quoque strāmineīs casīs tecta esset. 今もまたわらぶきの小屋に覆われていただろう；longaque nāvālia subductam pīnum cēlant, 長い造船所は陸揚げされた船を隠す；dēpositō ense（奪格構文）tūtaque rudis poscitur. 剣を置くと安全な木刀（剣闘士が引退のときに贈られる）が要求される；mē quoque, quī totiēns meruī sub amōre puellae, それほどしばしば乙女の恋のもとに勤務した私もまた；dēfunctum placidē vīvere tempus erat. 役を終えて静かに生きるときだった

(9) *Amōrēs* II, 9–B　再び恋を

25　"vive" deus "posito" siquis mihi dicat "amore",
　　　　deprecer, usque adeo dulce puella malum est.
　　cum bene pertaesum est, animoque relanguit ardor,
　　　　nescio quo miserae turbine mentis agor.
　　ut rapit in praeceps dominum spumantia frustra
30　　　frena retentantem durior oris equus;
　　ut subitus, prope jam prensa tellure, carinam
　　　　tangentem portus ventus in alta rapit,
　　sic me saepe refert incerta Cupidinis aura,
　　　　notaque purpureus tela resumit Amor.

25　もしある神が私に言うとしたら，生きよ，恋はやめにしてと，それはなしに願いたい，それほどまでに乙女は甘い悪である。
　　もうすっかり飽きてそして心にも情熱の炎が衰えたとき，哀れな心のなにかわからない旋風によって私は駆り立てられる。
　　口のかなり固い馬が泡立つくつわを空しく引き締めようとしている主人をまっしぐらにさらっていくように，
30
　　すでにほぼ陸地がとらえられていたときに，突然にきた風が港にふれようとする船を沖にさらっていくように，
　　そのように私をしばしばクピドの不確かな風が運び返し，そして紅顔のアモルはよく知られた武器を手に取る。

25 sīquis deus mihi dīcat "vīve positō amōre",
　　　dēprecer, usque adeō dulce malum puella est.
　cum bene pertaesum est, animōque relanguit ardor,
　　　nesciō quō miserae mentis turbine agor.
　ut dūrior ōris equus rapit in praeceps dominum
30　　　spūmantia frēna frustrā retentantem,
　ut prope jam prensā tellūre, subitus ventus
　　　carīnam rapit tangentem portūs in alta,
　sīc mē saepe refert incerta aura Cupīdinis,
　　　nōtaque tēla resūmit purpureus Amor.

[語句]

　sīquis deus mihi dīcat "vīve positō amōre (奪格構文)", もしある神が私に言うとしたら，生きよ，恋をやめにしてと；dēprecer (接続法現在形), usque adeō dulce malum puella est. それはなしに願いたい，それほどまでに乙女は甘い悪である；cum bene pertaesum est, animōque relanguit ardor, もうすっかり飽きてそして心にも情熱の炎が衰えたとき；nesciō (韻律は ‒ ⏑ ⏑) quō miserae mentis turbine agor. 哀れな心のなにかわからない旋風によって私は駆り立てられる；ut dūrior ōris equus rapit in praeceps dominum 口のかなり固い馬が主人をまっしぐらにさらっていくように；spūmantia frēna frustrā retentantem, 泡立つくつわを空しくも引き締めようとしている (主人を)；ut prope jam prensā tellūre (奪格構文), subitus ventus carīnam rapit すでにほぼ陸地がとらえられていたときに，突然にきた風が船をさらっていくように；tangentem portūs in alta, 港にふれようとする (船) を沖に；sīc mē saepe refert incerta aura Cupīdinis, そのように私をしばしばクピドの不確かな風が運び返し；nōtaque tēla resūmit purpureus Amor. そして紅顔のアモルはよく知られている武器を手に取る

35　fige puer! positis nudus tibi praebeor armis;
　　　　hic tibi sunt vires, hic tua dextra facit;
　　huc tamquam jussae veniunt jam sponte sagittae;
　　　　vix illis prae me nota pharetra sua est.
　　infelix, tota quicumque quiescere nocte
40　　　sustinet et somnos praemia magna vocat!
　　stulte, quid est somnus, gelidae nisi mortis imago?
　　　　longa quiescendi tempora fata dabunt.
　　me modo decipiant voces fallacis amicae;
　　　　sperando certe gaudia magna feram.

35　刺せ，少年よ，武器は置いて私は丸腰でおまえのまえに身をさらそう，ここではおまえに力がある，ここではおまえの右手が働く。
　　ここへは命じられたかのような矢が今は自然に飛んでくる，それらには私を前にして自分の箙(えびら)はほとんど気に留められていない。
　　不幸な人よ，誰であれ一晩中熟睡できる人は，そして眠りを大き
40　な恩恵とよぶ人は。
　　愚かな人よ，眠りはなにか，冷たい死の映像でなければ，運命は長い安眠の時間を与えるだろう。
　　あるときは私を偽りの女友達の声がだますがよい，希望することで確かに私は大きな喜びをもつだろう。

35　fīge, puer! positīs armīs nūdus tibi praebeor;
　　　　hīc tibi sunt vīrēs, hīc tua dextra facit;
　　hūc tamquam jussae sagittae veniunt jam sponte;
　　　　illīs prae mē sua pharetra vix nōta est.
　　infēlix, quīcumque tōtā nocte quiescere
40　　　　sustinet et somnōs praemia magna vocat!
　　stulte, quid est somnus, nisi gelidae mortis imāgō?
　　　　longa tempora quiescendī fāta dabunt.
　　mē modo dēcipiant vōcēs fallācis amīcae;
　　　　spērandō certē gaudia magna feram.

[語句]

　　fīge, puer! positīs armīs（奪格構文）nūdus tibi praebeor; 刺せ，少年よ，武器は置いて私は丸腰でおまえのまえに身をさらそう；hīc tibi sunt vīrēs, hīc tua dextra facit; ここではおまえには力がある，ここではおまえの右手が働く; hūc tamquam jussae sagittae veniunt jam sponte; ここへは命じられたかのような矢が今は自然に飛んでくる；illīs prae mē sua pharetra（韻律は ⌣－⌣）vix nōta est. それらには私を前にして自分の箙(えびら)はほとんど気に留められていない; mē modo dēcipiant（接続法現在形）vōcēs fallācis amīcae; あるときは私を偽りの女友達の声がだますがよい；spērandō certe gaudia magna feram. 希望すること（だけ）で確かに私は大きな喜びをもつだろう

45　et modo blanditias dicat, modo jurgia nectat;
　　　　saepe fruar domina, saepe repulsus eam.
　　quod dubius Mars est, per te, privigne Cupido, est;
　　　　et movet exemplo vitricus arma tuo.
　　tu levis es multoque tuis ventosior alis,
50　　　　gaudiaque ambigua dasque negasque fide.
　　si tamen exaudis, pulchra cum matre, rogantem,
　　　　indeserta meo pectore regna gere;
　　accedant regno, nimium vaga turba, puellae;
　　　　ambobus populis sic venerandus eris.

45　またあるときは甘い言葉を彼女は言うがよい，あるときは口論を絡ませるがよい，しばしば私は婦人を楽しもう，しばしばはねつけられて去ることにしよう。
　　マルスがあやふやなのはおまえのせいだ，継子のクピドよ，そして継父はおまえの例にならって武器を振るう。
　　おまえは身軽で，そしておまえの翼にもまして変わり身が速い，
50　　そして二股の信義により喜びをあたえたり拒んだりする。
　　しかしおまえが美しい母とともにこの頼みをする者の願いを聞き届けてくれるならば，私の胸のなかに不朽の王国を支配せよ。
　　その王国に乙女たちが加わるがよい，あまりにも気まぐれな者の群れだが，かくしておまえは双方の民から尊敬されることになるだろう。

45 et modo blanditiās dīcat, modo jurgia nectat;
   saepe fruar dominā, saepe repulsus eam.
  quod dubius Mars est, per tē est, prīvigne Cupīdō,
   et movet vītricus arma tuō exemplō.
  tū levis es multōque tuīs alīs ventōsior,
50 gaudiaque dāsque negāsque ambiguā fidē.
  sī tamen exaudīs rogantem, cum pulchrā mātre,
   indēserta regna meō pectore gere;
  accēdant regnō puellae, nimium vaga turba;
   ambōbus populīs sic venerandus eris.

[語句]

et modo blanditiās dīcat, modo jurgia nectat; またあるときは甘い言葉を彼女は言うがよい，あるときは口論を交えるがよい；saepe fruar dominā, saepe repulsus eam. しばしばこの女主人公を楽しもう，しばしばはねつけられて去ることにしよう；quod dubius Mars est, per tē est, prīvigne Cupīdō, マルス（クピドの母ウェヌスの恋人）があやふやであるのはおまえのせいだ，継子のクピドよ；et movet vītricus arma tuō exemplō. そして継父はおまえの例にならって武器を振るう；tū levis es multōque tuīs alīs ventōsior, おまえは身軽で，そしておまえの翼にもまして変わり身が速い；gaudiaque dāsque negāsque ambiguā fidē. そして二股の信義により喜びをあたえたりまた拒んだりする；sī tamen exaudīs rogantem, cum pulchrā mātre, しかしもしおまえが美しい母とともにこの頼みをする者の願いを聞き届けてくれるならば；indēserta regna meō pectore gere; 私の胸のなかに不朽の王国を支配せよ

(10) *Amōrēs* II, 15　指輪

    anule, formosae digitum vincture puellae,
        in quo censendum nil nisi dantis amor,
    munus eas gratum; te laeta mente receptum
        protinus articulis induat illa suis;
5 tam bene convenias, quam mecum convenit illi,
        et digitum justo commodus orbe teras.
    felix, a domina tractaberis, anule, nostra;
        invideo donis jam miser ipse meis.
    o utinam fieri subito mea munera possem
10   artibus Aeaeae Carpathiive senis!

　指輪よ，美しい乙女の指を巻くことになるものよ，そこには贈る
　　人の愛以外にはなのも評価されるようなものはないのだが。
　好ましい贈り物としておまえは行くがよい，うれしい心で受け取
　　られたおまえを彼女はそのまま自分の指にはめるがよい。
5　彼女が私と合っている，それほどによくおまえは彼女に合います
　　ように，そしてぴったりの輪でおまえは快適に指をこすれ。
　幸せな指輪よ，おまえは私の婦人によってふれられるだろう，私
　　はもう哀れにも自分で自分の贈り物に嫉妬している。
　おお，私はすぐにでも私の贈り物になることができればよいのに，
10　　アエアエアの，あるいはカルパトゥスの老人の技によって。

ānule, formōsae puellae digitum vinctūre,
　　in quō censendum nīl nisi dantis amor.
mūnus grātum eās! tē receptum laetā mente
　　illa prōtinus suīs articulīs induat;
5　tam bene conveniās illī, quam mēcum convenit,
　　et digitum justō orbe commodus terās.
fēlix ānule, ā dominā nostrā tractāberis;
　　invideō jam miser ipse dōnīs meīs.
ō utinam fierī possem subitō mea mūnera
10　　artibus Aeaeae Carpathiīve senis!

[語句]

ānule, formōsae puellae digitum vinctūre, 指輪よ，美しい乙女の指を巻くことになるものよ；in quō censendum nīl nisi dantis amor, そこには与える人の愛以外にはなにも評価されるようなものはないのだが；mūnus grātum eās (接続法現在形)! 好ましい贈り物としておまえは行くがよい；tē receptum laetā mente illa prōtinus suīs articulīs induat; うれしい心で受け取られたおまえを彼女はそのまま自分の指にはめるがよい；tam bene conveniās illī, quam mēcum convenit, おまえは彼女にそれほどによく合うように，彼女が私と合っているほどに；et digitum justō orbe commodus terās. そしてぴったりの輪でおまえは快適に指をこすれ；ō utinam fierī possem subitō mea mūnera おお，私はすぐにでも私の贈り物になることができればよいのに；artibus Aeaeae Carpathiīve senis! アエアエア（魔女キルケ）の，あるいはカルパトゥスの老人（変身の技をもつプロテウス）の技によって

```
     tunc ego te cupiam, domina, et tetigisse papillas,
         et laevam tunicis inseruisse manum,
     elabar digito quamvis angustus et haerens,
         inque sinum mira laxus ab arte cadam.
15   idem ego, ut arcanas possim signare tabellas,
         neve tenax ceram siccaque gemma trahat,
     umida formosae tangam prius ora puellae.
         tantum ne signem scripta dolenda mihi.
     si trahar ut condar loculis, exire negabo,
20       adstringens digitos orbe minore tuos.
```

　そのとき私はあなたに望むだろう，婦人よ，乳房に触れたり，また左手を服のなかに差し入れることを。

　私は指から滑り落ちるだろう，たとえどんなにきつくはまっていても，そして驚きの技によってゆるくなった私は胸のうちに落ちるだろう。

15　同様に私は秘密の書状に封印できるように，しかしまた付きやすい乾いた印章つきの指輪が蝋をはがさないようにと，

　まず美しい乙女の湿った口に私はさわるだろう，ただし私に苦痛をあたえることになる手紙には封印しないようにして。

　もし私が仕切られた箱のなかにしまわれるようにとひき抜かれそ

20　うになったら，私は(指の)外に出ることを拒むだろう，より小さな輪のなかにあなたの指を締め付けながら。

>   tunc ego tē cupiam, domina, et tetigisse papillās,
>   et laevam manum tunicīs inseruisse.
>   ēlābar digitō quamvīs angustus et haerens,
>   inque sinum ab mīrā arte laxus cadam.
> 15 īdem ego, ut arcānās tabellās signāre possim,
>   nēve tenax siccaque gemma cēram trahat,
>   ūmida ōra formōsae puellae prius tangam,
>   tantum nē signem scripta dolenda mihī.
>   sī trahar ut condar loculīs, exīre negābō,
> 20   adstringens digitōs tuōs orbe minōre.

[語句]

　　tunc ego tē cupiam, domina, et tetigisse papillās, そのとき私はあなたに望むだろう、女主人よ、乳房に触れたり；et laevam manum tunicīs inseruisse, また左手を服のなかに差し入れることを；ēlābar digitō quamvīs angustus et haerens, 私は指からすべり落ちるだろう、たとえどんなにきつくはまっていても；inque sinum ab mīrā arte laxus cadam. そして驚きの技によってゆるくなった私は胸の中に落ちるだろう；īdem ego, ut arcānās tabellās signāre possim, 同様に私は秘密の書状に封印できるように；nēve tenax siccaque gemma cēram trahat, しかしまた付きやすい乾いた印章つきの指輪が蝋をはがさないようにと；ūmida ōra formōsae puellae prius tangam, まず美しい乙女の湿った口に私はさわるだろう；tantum nē signem scripta dolenda mihī. ただし私に苦痛をあたえることになる手紙には封印しないようにして

(10) *Amōrēs* II, 15　指輪

```
       non ego dedecori tibi sim, mea vita, futurus,
           quodve tener digitus ferre recuset, onus.
       me gere, cum calidis perfundes imbribus artus,
           damnaque sub gemma perfer euntis aquae.
25     sed, puto, te nuda mea membra libidine surgent,
           et peragam partes anulus ille viri.
       inrita quid voveo? parvum proficiscere munus;
           illa datam tecum sentiat esse fidem.
```

　私はあなたのために恥になるつもりはない，わが命よ，また柔らかな指がつけていることを拒むような重荷にもなるまい。
　私をつけたままでいるのだ，あなたが熱い雨で肢体を浸すとき，そしてつけている宝石の下をいく水の害に耐えよ。
25　しかし私は思う，あなたが裸のとき私の肢体は欲望に立ち上がるだろう，そしてそれは指輪でありながら男の役を果たすだろう。
　どうして無駄なことを私は願うのか，小さな贈り物として出かけよ，おまえとともに誠意があたえられたことを彼女が感じてくれるように。

  nōn ego dēdecorī tibi sim, mea vīta, futūrus,
    onus quodve tener digitus ferre recūset.
  mē gere, cum calidīs imbribus artūs perfundēs,
    damnaque euntis aquae sub gemmā perfer.
25 sed, putō, tē nūdā mea membra libīdine surgent,
    et peragam partēs virī anulus ille.
  quid inrita voveō? parvum mūnus proficiscere;
    illa sentiat tēcum fidem datam esse.

[語句]

 nōn ego dēdecorī（利害関係の與格）tibi sim, mea vīta, futūrus, 私はあなたのために恥になるようなつもりはない，わが命よ；onus, quodve tener digitus ferre recūset. また柔らかな指がつけていることを拒むような重荷になって；mē gere, cum calidīs imbribus artūs perfundēs, 私をつけたままでいるのだ，（浴場で）あなたが熱い雨で肢体を浸すとき；damnaque euntis aquae sub gemmā perfer. そしてつけている宝石の下をいく水（湯）の害に耐えよ；sed, putō（韻律は ‿ ‿）, tē nūdā（奪格構文）mea membra libīdine surgent, しかし私は思う，あなたが裸のとき私の肢体は欲望に立ち上がるだろう；et peragam partēs virī anulus ille. そしてそれは指輪でありながら私は男の役を果たすだろう；quid inrita voveō? parvum mūnus proficiscere（proficiscor の命令形）; どうしてむだなことを私は願うのか。小さな贈り物として出かけよ；illa sentiat（接続法現在形）tēcum fidem datam esse. おまえとともに（私の）誠意があたえられたことを彼女が感じるがよい

(11) *Amōrēs* III, 8　富の横暴

　　et quisquam ingenuas etiamnunc suspicit artes,
　　　　aut tenerum dotes carmen habere putat?
　　ingenium quondam fuerat pretiosius auro;
　　　　at nunc barbaria est grandis, habere nihil.
5　cum pulchrae dominae nostri placuere libelli,
　　　　quo licuit libris, non licet ire mihi;
　　cum bene laudavit, laudato janua clausa est.
　　　　turpiter huc illuc ingeniosus eo.
　　ecce, recens dives parto per vulnera censu
10　　　praefertur nobis sanguine pastus eques.

　　いったい今でもなお誰か高貴な技を尊敬し，あるいは柔らかな歌が優れた魅力をもつと思っている人がいるだろうか。
　　才能はあるときは黄金より価値があった，それが今では無一物ということははなはだしい野蛮なのである。
5　私の書物が美しい婦人に気に入られたとき，書物に許されたところにいくことは私には許されない。
　　大変ほめたときに，ほめられた者には扉は閉められている，面目ないが私は才能がありながらあちらこちらにいく。
　　見よ，新しい金持ちで傷によって財産の査定が受けられて，血に
10　　　よって太った騎士が我々より好かれている。

et quisquam ingenuās artēs etiamnunc suspicit,
　　aut tenerum carmen dōtēs habēre putat?
ingenium quondam pretiōsius aurō fuerat;
　　at nunc barbaria grandis est, habēre nihil.
5　cum nostrī libellī pulchrae dominae placuēre,
　　quō licuit librīs, nōn licet īre mihī;
cum bene laudāvit, laudātō jānua clausa est.
　　turpiter hūc illīc ingeniōsus eō.
ecce, recens dīves partō cēnsū per vulnera
10　praefertur nōbīs sanguine pastus eques.

［語句］

et quisquam ingenuās artēs etiamnunc suspicit, いったい今でもなお誰か高貴な技を尊敬し；aut tenerum carmen dōtēs habēre putat? あるいは柔らかな歌が優れた魅力をもつと思っている人がいるだろうか；ingenium quondam pretiōsius aurō fuerat; 才能はあるときは黄金より価値があった；at nunc barbaria grandis est, habēre nihil. それが今ではなにも（富を）もたないことははなはだしい野蛮なのである；cum bene laudāvit, laudātō jānua clausa est. （彼女／人が）大変ほめたときに，ほめられた者には扉は閉められている；turpiter hūc illūc ingeniōsus eō. 面目ないが私は才能がありながらあちらこちらに行く；ecce, recens dīves partō cēnsū per vulnera（奪格構文）見よ，新しい金持ちで，（軍務での）傷によって（騎士になる）財産の査定が受けられて；praefertur nōbīs sanguine pastus eques. 血によって太った騎士が我々より好かれている

(11) *Amōrēs* III, 8　富の横暴

```
         hunc potes amplecti formosis, vita, lacertis?
             hujus in amplexu, vita, jacere potes?
         si nescis, caput hoc galeam portare solebat;
             ense latus cinctum, quod tibi servit, erat;
15       laeva manus, cui nunc serum male convenit aurum,
             scuta tulit; dextram tange; cruenta fuit.
         qua periit aliquis, potes hanc contingere dextram?
             heu, ubi mollities pectoris illa tui?
         cerne cicatrices, veteris vestigia pugnae;
20           quaesitum est illi corpore, quidquid habet.
```

　こんな男を美しい腕でおまえは抱擁できるのか，わが命よ，こんな男の抱擁の中で，わが命よ，寝ることができるのか。

　もしおまえが知らないのならば(いおう)，その頭はいつもかぶとをつけていた，おまえに仕えているわき腹は剣を帯びていた。

15　左手，それには今は遅まきな金の指輪が不似合いなのだが，(かつては)盾をもっていたのだ，右手に触れてみよ，それは血まみれであった。

　その手で誰かが死んでいった，その右手におまえは触れることができるか，ああ，おまえの胸のあの柔らかさはどこにあるのか。

　傷跡をみよ，古い戦いの名残だ，彼がもっているものはなんでも
20　彼にはその体で獲得されたのだ。

>   hunc potes amplectī formōsīs lacertīs, vīta?
>   in amplexū hūjus, vīta, jacēre potes?
>   sī nescīs, caput hoc galeam portāre solēbat;
>   ense latus cinctum erat, quod tibi servit.
> 15 laeva manus, cuī nunc sērum male convenit aurum,
>   scūta tulit; dextram tange; cruenta fuit:
>   quā periit aliquis, potes hanc dextram contingere?
>   heu, ubi illa mollitēs pectoris tuī?
>   cerne cicātrīcēs, veteris pugnae vestīgia;
> 20   quaesitum est illī corpore, quidquid habet.

[語句]

　hunc potes amplectī formōsīs lacertīs, vīta? こんな男を美しい腕でおまえは抱擁できるか、わが命よ；in amplexū hūjus, vīta, jacēre potes? こんな男の抱擁の中で、わが命よ、寝ることができるか；sī nescīs, caput hoc galeam portāre solēbat; もしおまえが知らないのなら（いうが）、その頭はいつも兜をつけていた；ense latus cinctum erat, quod tibi servit. おまえに仕えているわき腹は剣をおびていた；laeva manus, cuī nunc sērum male convenit aurum, 左手、それには今は遅まきながら（騎士の印である）金の指輪が不似合いなのだが；scūta tulit; dextram tange; cruenta fuit: それは（かつては）盾をもっていたのだ。右手に触れてみよ、それは血まみれであった；quā periit (=per-īvit, 韻律は ⏑⏑–) aliquis, potes hanc dextram contingere? その手で誰かが死んでいった（殺された）、その右手におまえは触れることができるか；heu, ubi illa mollitēs pectoris tuī? ああ、どこにおまえの胸の柔らかさはあるのか；cerne cicātrīcēs, veteris pugnae vestīgia; 傷跡をみよ、古い戦いの名残だ；quaesitum est illī corpore, quidquid habet. 彼がもっているものはなんでも、彼にはその体で獲得されたのだ

         forsitan et, quotiens hominem jugulaverit, ille
             indicet! hoc fassas tangis, avara, manus?
         ille ego Musarum purus Phoebique sacerdos
             ad rigidas canto carmen inane fores.
25   discite, qui sapitis, non quae nos scimus inertes,
             sed trepidas acies et fera castra sequi,
         proque bono versu primum deducite pilum.
             hoc tibi, si velles, posset, Homere, dari.
         Juppiter, admonitus nihil esse potentius auro,
30   corruptae pretium virginis ipse fuit.

　　たぶん彼はまた幾度人の喉を突いて殺したかを話して聞かせるだろう。これを告白した手におまえはさわるのか，貪欲な女よ。
　　その私といえば，ムーサとポエブスの清き司祭でありながら，固く冷たい扉に向かって空しく歌を歌っている。
25　分別のあるあなたがたは学ぶがよい，怠惰な我々が知っていることではなくて，恐れおののく戦列と荒々しい陣営に従うことを，
　　よい詩句の代わりに最先陣の投げ槍（部隊）を移動させよ。ホメロスよ，もしあなたが望めばこれがあなたにあたえられもしただろう。
　　ユピテルは黄金より力のあるものはなにもないと気づかされて，
30　　自らが誘惑した処女の代金となった。

```
        forsitan et, quotiens hominem jugulāverit, ille
             indīcet! hoc fassās manūs tangis, avāra?
        ille ego Mūsārum Phoebīque pūrus sacerdōs
             ad rigidās forēs ināne carmen cantō.
25      discite, quī sapitis, nōn quae scīmus inertēs,
             sed trepidās aciēs et fera castra sequī,
        prōque bonō versū prīmum pīlum dēdūcite.
             hoc tibi, sī vellēs, posset darī, Homēre.
        Juppiter, admonitus nihil esse potentius aurō,
30           corruptae virginis pretium ipse fuit.
```

[語句]

forsitan et, quotiens hominem jugulāverit, ille indīcet! たぶん彼はまた，幾度人の喉を突いて殺したかを話して聞かせるだろう；hoc fassās manūs tangis, avāra?これを告白した手をおまえはさわるのか，貪欲な女よ；discite, quī sapitis, nōn (ea) quae scīmus inertēs, 分別のあるあなたがたは学ぶがよい，怠惰な我々が知っていることではなくて；sed trepidās aciēs et fera castra sequī, 恐れおののく戦列と荒々しい陣営に従うことを；prōque bonō versū prīmum pīlum dēdūcite. よい詩句の代わりに最先陣の投げ槍（部隊）を移動させよ；hoc tibi, sī vellēs (volō 接続法未完了形), posset (接続法未完了形) darī, Homēre. ホメロスよ，もしあなたが望めばこれがあなたにあたえられもしただろう；Juppiter, admonitus nihil esse potentius aurō, ユピテルは黄金より力のあるものはなにもないと気づかされて；corruptae virginis pretium ipse fuit. 自分が誘惑した処女の代金となった（ユピテルは黄金の雨に変身してアルゴス王の娘ダナエを誘惑し，その膝に流れこんで交わった）

```
     dum merces aberat, durus pater, ipsa severa,
          aerati postes, ferrea turris erat;
     sed postquam sapiens in munera venit adulter,
          praebuit ipsa sinus et dare jussa dedit.
35   at cum regna senex caeli Saturnus haberet,
          omne lucrum tenebris alta premebat humus.
     aeraque et argentum cumque auro pondera ferri
          manibus admorat, nullaque massa fuit.
     at meliora dabat, curvo sine vomere fruges
40        pomaque et in quercu mella reperta cava.
```

　報酬がなかった間，父はかたくなで，娘自身はきびしく扉は青銅で塔は鉄であった。

　しかし賢い姦夫が贈り物になってきたあとは，彼女は自ら胸を提供し，そしてあたえることを命じられてあたえてしまった。

35　しかし老年のサトゥルヌスが天の支配をもっているときは，すべての富を深い大地が闇に閉じ込めていた。

　そして銅も銀も，また金とともに鉄の重い塊も彼は冥府に引き入れて，そしてどんな塊もなかった。

　だがもっとよいものを彼は与えた，曲がった犂(すき)の刃を使わずに収

40　穫を，また果物と，そして空洞の樫(かし)の木の中に見つけられる蜜蜂を。

dum mercēs aberat, dūrus pater, ipsa sevēra,
　　　　　aerātī postēs, ferrea turris, erat;
　　　sed postquam sapiens adulter in mūnera vēnit,
　　　　　praebuit ipsa sinūs et dare jussa dedit.
35　　at cum regna caelī senex Sāturnus habēret,
　　　　　omne lucrum tenebrīs alta humus premēbat.
　　　aeraque et argentum cumque aurō pondera ferrī
　　　　　mānibus admōrat nullaque massa fuit.
　　　at meliōra dabat, sine curvō vōmere frūgēs
40　　　　pōmaque et in quercū cavā mella reperta.

[語句]

dum mercēs aberat, dūrus pater, ipsa sevēra, 報酬がなかった間、父はかたくなで、娘自身はきびしく；aerātī postēs, ferrea turris erat; 扉は青銅で、塔は鉄であった；sed postquam sapiens adulter in mūnera vēnit, しかし賢い姦夫が贈り物になってきたあとは；praebuit ipsa sinūs et dare jussa dedit. 彼女は自ら胸を提供し、そしてあたえることを命じられてあたえてしまった；at cum regna caelī senex Sāturnus habēret (接続法未完了形), しかし老年のサトゥルヌス (ユピテルの父) が天の支配をもっているときは；omne lucrum tenebrīs alta humus premēbat. すべての富を深い大地が闇に閉じ込めていた；aeraque et argentum cumque aurō pondera ferrī mānibus admōrat (=admōverat) そして銅も銀も、また金とともに鉄の重い塊も彼は冥府に引き入れて；nullaque massa fuit. そして (そうした金属の) どんな塊もなかった

  nec valido quisquam terram scindebat aratro,
    signabat nullo limite mensor humum;
  non freta demisso verrebant eruta remo;
    ultima mortali tum via litus erat.
45 contra te sollers, hominum natura, fuisti
    et nimium damnis ingeniosa tuis.
  quo tibi, turritis incingere moenibus urbes?
    quo tibi, discordes addere in arma manus?
  quid tibi cum pelago? terra contenta fuisses!
50   cur non et caelum, tertia regna, petis?

  まただれも頑丈な犁(すき)で大地を切り開かなかったし，いかなる境界にも測量士が大地に印をすることもなかった。
  おろされた櫂(かい)でかき乱された海を掃くこともなかった，当時は人間にとって道の最果ては海岸であった。
45 人間の本性よ，その巧みな(本性)はおまえの意に反するものになった，そしてその有能な(本性)はあまりにもおまえの損害のためのものであった。
  おまえにとってなんのためなのか，塔を供えた城壁で町をとりかこむことが，おまえにとってなんのためなのか，不和の手を武器に添えることは。
  海とおまえになにがあるのか，陸地で満足しているべきだったの
50 に，なぜおまえは天も第三の領土として求めないのか。

nec quisquam validō arātrō terram scindēbat,
    signābat mensor nullō līmite humum;
dēmissō rēmō freta ēruta nōn verrēbant;
    tum mortālī ultima via lītus erat.
45 contrā tē sollers, hominum nātūra, fuistī
    et nimium damnīs tuīs ingeniōsa.
quō tibi, turrītīs moenibus urbēs incingere?
    quō tibi, discordēs manūs in arma addere?
quid tibi cum pelagō? terrā contenta fuissēs!
50 cur nōn et caelum, tertia regna, petis?

[語句]

　nec quisquam validō arātrō terram scindēbat, まただれも頑丈な犂(すき)で大地を切り開かなかったし；signābat mensor nullō līmite humum; いかなる境界にも測量士が大地に印をすることもなかった；dēmissō rēmō freta ēruta nōn verrēbant;（人々は）おろされた櫂(かい)でかき乱された海を掃くこともなかった；tum mortālī ultima via lītus erat. 当時は人間にとって道の最果ては海岸であった；contrā tē sollers, hominum nātūra, fuistī 人間の本性よ、その巧みな（本性）はおまえの意に反するものになった；et nimium damnīs tuīs ingeniōsa. そしてその有能な（本性）はあまりにもおまえの損害のためのものであった；quō tibi, turrītīs moenibus urbēs incingere? おまえにとってなんのためなのか，塔をそなえた城壁で町をとりかこむことが；quō tibi, discordēs manūs in arma addere? おまえにとってなんのためなのか，不和の手を武器に添えることは；quid tibi cum pelagō? terrā contenta (hominum nātūra) fuissēs! 海とおまえになにがあるのか，陸地で（その本性は）満足しているべきだったのに；cur nōn et caelum, tertia regna, petis? なぜおまえは天も第三の領土として求めないのか

qua licet, adfectas caelum quoque; templa Quirinus,
    Liber et Alcides et modo Caesar habent.
eruimus terra solidum pro frugibus aurum.
    possidet inventas sanguine miles opes.
55 curia pauperibus clausa est; dat census honores;
    inde gravis judex, inde severus eques.
omnia possideant; illis Campusque forumque
    serviat, hi pacem crudaque bella gerant;
tantum ne nostros avidi liceantur amores,
60   et, satis est, aliquid pauperis esse sinant.

　許される限りとして，おまえは天をも熱望している。神殿を，クイリヌスもリベルもアルケウスの孫も，そして最近では皇帝ももっている。
　我々は大地から収穫の代わりに固い黄金を掘り出す，兵士は血によって得られた富を所有している。
55　元老院は貧乏人には閉ざされている，財産が高位の官職をあたえる，そこから裁判官は重々しく，そこから騎士はいかめしい。
　彼らはすべてを所有するがよい，かの者たちにマルスの野もフォルムも仕えるがよい，こちらの者たちは平和と残酷な戦いを導くがよい。
　ただわれらが愛を貪欲な彼らが値をつけないように，そして，そ
60　れで十分だが，何がしかが貧乏人のものになるように残すがよい。

qua licet, adfectās caelum quoque; templa Quirīnus,
　　Līber et Alcīdēs et modo Caesar habent.
ēruimus terrā solidum aurum prō frūgibus.
　　mīles possidet sanguine inventās opēs.
55　cūria pauperibus clausa est; dat census honōrēs;
　　inde gravis jūdex, inde sevērus eques.
omnia possideant; illīs Campusque forumque
　　serviat, hī pācem crūdaque bella gerant.
tantum nē nostrōs amōrēs avidī liceantur,
60　　et, satis est, aliquid pauperis esse sinant.

[語句]

　quā licet, adfectās caelum quoque; 許される限りとして，おまえは天をも熱望している；templa Quirīnus, Līber et Alcīdēs et modo Caesar habent. 神殿を，クイリヌスもリベルもアルケウスの孫（ヘルクレス）も，そして最近では皇帝ももっている；cūria pauperibus clausa est; dat census honōrēs; 元老院は貧乏人には閉ざされている。財産が高位の官職をあたえる；inde gravis jūdex, inde sevērus eques. そこから裁判官は重々しく，そこから騎士はいかめしい；omnia possideant（接続法現在形）; illīs Campusque forumque serviat, 彼らはすべてを所有するがよい，かの者たちにマルスの野もフォルムも仕えるががよい；hī pācem crūdaque bella gerant; こちらの者たちは平和と残酷な戦いを導くがよい；tantum nē nostrās amōrēs avidī liceantur, ただわれらが愛を貪欲な彼らが値をつけないように；et, satis est, aliquid pauperis（属格）esse sinant. そして（それで十分だが），なにがしかが貧乏人のものになるように残すがよい

at nunc, exaequet tetricas licet illa Sabinas,
  imperat ut captae, qui dare multa potest;
me prohibet custos, in me timet illa maritum.
  si dederim, tota cedet uterque domo.
65 o si neglecti quisquam deus ultor amantis
  tam male quaesitas pulvere mutet opes!

だが今は彼女が厳格なサビニ女に匹敵するとしても，多くをあた
 えることのできる男が(彼女を)捕虜のように支配している。
看守が私を妨げる，彼女は私のことで夫を恐れている，そして
 私があたえればこの2人の男はすっかり家からはなれるだ
 ろう。
65 おお，もしある神様が無視された恋をする男の仕返し役としてこ
 れほどに悪く儲けられた富を埃にかえてくれればよいのに。

at nunc, exaequet tetricās Sabīnās licet illa,
　　imperat ut captae, quī dare multa potest;
custōs mē prohibet, in mē timet illa marītum.
　　sī dederim, tōtā domō cēdet uterque.
65　ō sī quisquam deus neglectī amantis ultor
　　tam male quaesītās opēs pulvere mūtet.

[語句]

at nunc, exaequet tetricās Sabīnās licet illa, だが今は彼女が厳格なサビニ女に匹敵するとしても；imperat (＋与格) ut captae, (is) quī dare multa potest; 多くをあたえることのできる男が(彼女を)捕虜のように支配している；custōs mē prohibet, in mē timet illa marītum. 看守が私を妨げる，彼女は私のことで夫を恐れている；sī dederim (接続法完了形), tōtā domō cēdet uterque. 私が(金を)あたえれば，この2人の男はすっかり家からはなれるだろう；ō sī quisquam deus neglectī amantis ultor おお，もしある神様が無視された恋をする男の仕返し役として；tam male quaesītās opēs pulvere mūtet. これほどに悪く儲けられた富を埃にかえてくれるならば(よいのだが)

(12) *Amōrēs* III, 9　ティブルスの死

    Memnona si mater, mater ploravit Achillem,
        et tangunt magnas tristia fata deas,
    flebilis indignos, Elegeia, solve capillos.
        a, nimis ex vero nunc tibi nomen erit.
5 ille tui vates operis, tua fama, Tibullus
        ardet in extructo, corpus inane, rogo.
    ecce, puer Veneris fert eversamque pharetram
        et fractos arcus et sine luce facem;
    adspice, demissis ut eat miserabilis alis
10   pectoraque infesta tundat aperta manu;

　もしメムノンを母が，母がアキレスを悼んで泣いたならば，そして悲しい運命が大いなる女神たち（の心）を打つならば，
　エレゲイアよ，涙ながらにふさわしくない髪を解け，ああ，いまやあなたのその名はあまりにも真実に沿ったものになるだろう。
5　あなたの作品の詩人，あなたの名声であるかのティブルスが積み上げられた薪の上で空しくなった身体を焼いている。
　みよ，ウェヌスの息子が逆さにした箙(えびら)と砕かれた弓と光のない松明を携えている。
　よく見るがよい，どのように彼が翼を垂れて惨めに歩んできて，
10　　はだけた胸を敵意ある手で打っているかを。

sī māter Memnona, māter Achillem plōrāvit,
    et tristia fāta magnās deās tangunt,
Elegeia, flēbilis indignōs capillōs solve.
    ā, nimis ex vērō nunc tibi nōmen erit.
5 vātēs tuī operis, tua fāma, ille Tibullus
    ardet in extructō rogō corpus ināne.
ecce, puer Veneris fert ēversamque pharetram
    et fractōs arcūs et facem sine lūce.
adspice, ut dēmissīs ālīs miserābilis eat
10 pectoraque aperta infestā manū tundat.

[語句]

sī māter Memnona, māter Achillem plōrāvit, もし母がメムノン（エチオピアの王，母は曙の女神アウロラ。トロイア軍を援助し，アキレスと戦って討たれたが，ゼウスが哀れんで彼に不死をあたえた）を，母（テティス）がアキレスを悼んで泣いたならば；et tristia fāta magnās deās tangunt, そして悲しい運命が大いなる女神たち（の心）を打つならば；Elegeia (韻律は ⌣⌣−−, *Amōrēs* III, 1, 7 を参照), エレゲイア (elegīa, ギリシアのエレゲイア体の詩，悲歌，挽歌，エレジー) よ；flēbilis indignōs capillōs solve. 涙ながらにふさわしくない髪を解け；ā, nimis ex vērō nunc tibi nōmen erit. ああ，いまやあなたのその名はあまりにも真実に沿ったものになるだろう（悲歌 elegeia<e.legein「ああという」という解釈による）；puer Veneris fert ēversamque pharetram (韻律は ⌣−⌣) ウェヌスの息子が逆さにした箙(えびら)を携えている；adspice, ut dēmissīs ālīs (奪格構文) miserābilis eat よく見よ，どのように彼（アモル）が翼を垂れて惨めに歩んできて；pectoraque aperta infestā manū tundat. はだけた胸を敵意ある手でうっているかを

excipiunt lacrimas sparsi per colla capilli,
  oraque singultu concutiente sonant.
fratris in Aeneae sic illum funere dicunt
  egressum tectis, pulcher Iule, tuis;
15 nec minus est confusa Venus moriente Tibullo,
  quam juvenis rupit cum ferus inguen aper.
at sacri vates et divum cura vocamur;
  sunt etiam qui nos numen habere putent.
scilicet omne sacrum mors importuna profanat,
20 omnibus obscuras inicit illa manus.

首の周りにばらばらになった髪が涙を受け止めている，また揺り動かすようなむせび泣きに口が鳴っている。
兄弟のアエネアスの葬儀において，彼はこのように君の家から出たと（人々は）言う，美しいイウルスよ，
15 またウェヌスもティブルスの死に少なからず心乱れた，荒々しいイノシシが若者の股の付け根を破ったときに劣らず。
だが我々詩人は神聖であり，また神々の愛する者とよばれている，さらには我々が神性をもつと思っている人たちもいる。
たしかにはばかりを知らぬ死はすべての神聖なものを冒涜するし，それはすべてのものに暗い手を置く。
20

sparsī capillī excipiunt lacrimās per colla,
  ōraque sonant singultū concutiente.
in frātris Aenēae fūnere sīc illum ēgressum
  tectīs tuīs dīcunt, pulcher Iūle;
15 Venus est confūsa moriente Tibullō nec minus,
  quam cum ferus aper juvenis inguen rūpit.
at sacrī vātēs et dīvum cūra vocāmur;
  sunt etiam quī nōs nūmen habēre putent.
scīlicet mors importūna omne sacrum profānat,
20 illa injicit omnibus obscūrās manūs.

[語句]

sparsī capillī excipiunt lacrimās per colla, 首の周りにばらばらになった髪が涙を受け止めている；ōraque sonant singultū concutiente. また揺り動かすようなむせび泣きに口が鳴っている；in frātris Aenēae fūnere 兄弟のアエネアス（トロイアの英雄アエネアスと愛の神アモルはともにウェヌスの子）の葬儀において；sīc illum ēgressum (esse) tectīs tuīs dīcunt, pulcher Iūle; 彼はこのように君の家から出たと（人々は）言う，美しいイウルス（アエネアスの子，アスカニウス Ascanius の別名）よ；Venus est confūsa moriente Tibullō（奪格構文）ウェヌスもティブルスの死に少なからず心乱れた；nec minus quam cum ferus aper juvenis inguen rūpit. 荒々しいイノシシが若者（美少年アドニス，赤子のときウェヌスがかくしたが，後に他の神の怒りにふれて狩のさなかにイノシシに突かれて死ぬ）の腿の付け根を破ったときに劣らず；at sacrī vātēs et dīvum (deus 複数属格形) cūra vocāmur; だが我々詩人は神聖であり，神々の愛する者とよばれている；sunt etiam (eī) quī nōs nūmen habēre putent. さらには我々が神性をもつと思っている人たちもいる

quid pater Ismario, quid mater profuit Orpheo?
　　carmine quid victas obstipuisse feras?
et Linon in silvis idem pater "aelinon!" altis
　　dicitur invita concinuisse lyra.
25　adice Maeoniden, a quo ceu fonte perenni
　　vatum Pieriis ora rigantur aquis.
hunc quoque summa dies nigro submersit Averno.
　　defugiunt avidos carmina sola rogos;
durat opus vatum, Trojani fama laboris
30　　tardaque nocturno tela retexta dolo.

　イスマルスのオルペウスにとって父がなんの，母がなんの役にたったか，その歌に征服された野獣が呆然としたことがなんの役にたったのか。
　同じ父がリノス（の死）を深い森のなかで気の進まない竪琴にあわせて「アーリノス」と歌ったと言われている。
25　さらにマエオニアの人を加えよ，その人によりあたかも一年中枯れることのない泉からのように，詩人たちの口はピエリアの水でぬらされている。
　彼をもまた最後の日が黒い冥府に沈めた，歌だけが貪欲な火葬場の薪の山を逃れる。
　詩人たちの作品が生き残る，トロイアの苦難の伝承と，夜の欺瞞
30　　の策によってときほぐされた遅い機織も。

```
        quid pater Ismariō, quid māter Orpheō prōfuit?
            quid carmine victās ferās obstipuisse?
        et īdem pater Linon in silvīs altīs "aelinon!"
            concinuisse invītā lyrā dīcitur.
25      adjice Maeonidēn, ā quō ceu fonte perennī
            vātum ōra Pīeriīs aquīs rigantur.
        hunc quoque summa diēs nigrō Avernō submersit.
            carmina sōla dēfugiunt avidōs rogōs;
        opus vātum dūrat, Trōjānī labōris fāma
30          tardaque tēla retexta nocturnō dolō.
```

[語句]

quid pater Ismariō (prōfuit), quid māter Orpheō prōfuit? イスマルス(トラキア南部の山と町)のオルペウス(ホメロス以前のギリシアの詩人,音楽家)にとって父(アポロン)がなんの,母(カリオペ)がなんの役にたったか; quid carmine victās ferās obstipuisse (prōfuit)? (彼の)歌に征服された野獣が呆然としたことがなんの役にたったか; et īdem pater Linon in silvīs altīs "aelinon!" そして同じ父が(死んだ)リノス(アポロンの子,音楽で父と競って殺されたとも,弟子のヘルクレスに打たれたともいう)を(悼んで)深い森のなかで"アーリノス"(ギリシア語 aelinos 哀歌,挽歌)と; concinuisse invītā lyrā dīcitur. 気の進まない竪琴にあわせて歌ったと言われる; adjice Maeonidēn, マエオニアの人(ホメロス)を加えよ; ā quō ceu fonte perennī その人によりあたかも一年中枯れることのない泉からのように; Trōjānī labōris fāma tardaque tēla retexta nocturnō dolō. トロイアの苦難の伝承(ホメロスのイリアス)と,夜の欺瞞の策によってときほぐされた遅い機織も(オデュッセウス／ウルクセスの妻が言い寄る求婚者たちをかわすために,約束の夫の着る衣を織りながら,その織りを毎夜ほぐしていたこと)

> sic Nemesis longum, sic Delia nomen habebunt,
> 　　altera cura recens, altera primus amor.
> quid vos sacra juvant? quid nunc Aegyptia prosunt
> 　　sistra? quid in vacuo secubuisse toro?
> 35　cum rapiunt mala fata bonos (ignoscite fasso)
> 　　sollicitor nullos esse putare deos.
> vive pius; moriere pius. cole sacra; colentem
> 　　mors gravis a templis in cava busta trahet;
> carminibus confide bonis; jacet, ecce, Tibullus:
> 40　　vix manet e toto, parva quod urna capit.

> そのようにネメシスは，そのようにデリアは長くその名をもつだろう，ひとりは新しい愛人として，もうひとりは最初の恋として。
> 神々への勤めがあなたたちになんの助けになるのか，いまやエジプトのイシス神へのがらがら(鳴子)がなんの役にたつのか，空の床に一人寝をすることがなんになるのか。
> 35　悪い運命が善人たちを奪うとき，(告白した者にお許しあれ)，私はいかなる神も存在しないと考えたくなる。
> 敬虔に生きよ，(そうすれば)敬虔にあなたは死ぬだろう，神への勤めに励め，その励む人を厳しい死は神殿からうつろな墓へと引いていくだろう。
> よい歌を信頼せよ，ティブルスはほら，横たわっている，(彼の)
> 40　すべてのなかから，辛うじて残っている，小さな壺がいれられるだけのものが。

sīc Nemesis, sīc Dēlia longum nōmen habēbunt,
    altera cūra recens, altera prīmus amor.
quid vōs sacra juvant? quid nunc Aegyptia sīstra
    prōsunt? quid in vacuō torō sēcubuisse?
35 cum mala fāta rapiunt bonōs (ignoscite fassō)
    sollicitor nullōs deōs esse putāre.
vīve pius; moriēre pius. cole sacra; colentem
    mors gravis ā templīs in cava busta trahet.
carminibus bonīs confīde; ecce, Tibullus jacet;
40   vix manet ē tōtō, quod parva urna capit.

[語句]

sīc Nemesis, sīc Dēlia longum nōmen habēbunt, そのようにネメシス（ティブルスの恋人，偽名）は，そのようにデリア（ティブルスの恋人）は長くその名をもつだろう；altera cūra recens, altera prīmus amor. ひとりは新しい愛人として，もうひとりは最初の恋として；quid vōs sacra juvant? 神々への勤めがあなたたちになんの助けになるのか, quid nunc Aegyptia sīstra prōsunt? いまやエジプトのイシス神へのがらがら（その祭儀のときに神官の鳴らす鳴子）がなんの役に立つのか；quid in vacuō torō sēcubuisse?（イシス神への勤めとして）空の床に一人寝をすることがなんの（役に立つか）；cum mala fāta rapiunt bonōs 悪い運命が善人たちを奪うとき；ignoscite fassō (fateor)（神々よ）告白した者（私）にお許しあれ；sollicitor nullōs deōs esse putāre. 私はいかなる神も存在しないと考えるように誘惑される；vīve pius, moriēre (morior の 2 人称単数・未来形) pius 敬虔に生きよ，（そうすれば）あなたは敬虔に死ぬだろう；cole sacra 神への勤めに励め；colentem mors gravis ā templīs in cava busta trahet その励む人を厳しい死は神殿からうつろな墓へと引いていくだろう；carminibus bonīs confīde よい歌を信頼せよ

```
     tene, sacer vates, flammae rapuere rogales
          pectoribus pasci nec timuere tuis?
     aurea sanctorum potuissent templa deorum
          urere, quae tantum sustinuere nefas.
45   avertit vultus, Erycis quae possidet arces;
          sunt quoque, qui lacrimas continuisse negant.
     sed tamen hoc melius, quam si Phaeacia tellus
          ignotum vili supposuisset humo.
     hinc certe madidos fugientis pressit ocellos
50        mater et in cineres ultima dona tulit;
```

　　聖なる詩人よ，火葬の薪の炎は君を奪い，そして君の胸を食べて
　　　　生きることに恐れをいだかなかったのか。
　　これほどの罪業をあえてした（炎）は，神聖な神々の黄金の神殿を
　　　　焼くこともできただろうに。
45　エリュクスの砦を所有する（女神）は顔をそむけた，また（女神が）
　　　　涙を抑えられなかったという人たちもいる。
　　しかしそれでもこの方がよい，パエアキアの地が見知らぬ人を
　　　　安っぽい土地に埋めたとした場合よりは。
　　ここではそれでも去り行く人の潤んだ目を母が閉じて，そして灰
50　　　に最後の供物を捧げた。

>   tē ne, sacer vātēs, flammae rogālēs rapuēre
>   nec timuēre pectoribus tuīs pascī?
>   aurea templa sanctōrum deōrum potuissent
>   ūrere, quae tantum nefās sustinuēre.
> 45 āvertit vultūs, quae possidet Erycis arcēs;
>   sunt quoque, quī lacrimās continuisse negant.
>   sed tamen hoc melius, quam sī Phaeācia tellūs
>   ignōtum vīlī humō supposuisset.
>   hinc certē madidōs ocellōs fugientis pressit
> 50   māter et in cinerēs ultima dōna tulit;

[語句]

tē ne, sacer vātēs, flammae rogālēs rapuēre (rapiō 完了形＝ rapuērunt) 聖なる詩人よ，火葬の薪の炎は君を奪ったのか；nec timuēre pectoribus tuīs pascī? そして君の胸を食べて生きることに恐れをいだかなかったのか；aurea templa sanctōrum deōrum potuissent (possum の接続法過去完了形) ūrere, 神聖な神々の黄金の神殿を焼くこともできただろうに；(flammae), quae tantum nefās sustinuēre (sustineō の完了形). これほどの罪業をあえてしたところの (炎は)；āvertit vultūs, 顔をそむけた；quae possidet Erycis arcēs; エリュクス（シチリア島の西端，ウェヌスの神殿で知られる町）の砦を所有する女（神，ウェヌス）は；sunt quoque, quī lacrimās continuisse negant. また（女神が）涙を抑えられなかったという人たちもいる；sed tamen hoc melius, しかしそれでもこの方がよい；quam sī Phaeācia tellūs ignōtum vīlī humō supposuisset (suppōnō の接続法過去完了形). パエアキア（ウリクセス＝オデュッセウスが漂着した夢の島，イオニア海のコルキュラ島か，ティブルスも遠征の途上でここで病に倒れたという，詩集 I, 3, 3 以下を参照）の地が安っぽい土地に見知らぬ人を埋めたとした場合よりは

hinc soror in partem misera cum matre doloris
　　　　　venit inornatas dilaniata comas,
　　　cumque tuis sua junxerunt Nemesisque priorque
　　　　　oscula nec solos destituere rogos.
55　Delia descendens "felicius" inquit "amata
　　　　　sum tibi; vixisti, dum tuus ignis eram."
　　　cui Nemesis "quid" ait "tibi sunt mea damna dolori?
　　　　　me tenuit moriens deficiente manu."
　　　si tamen e nobis aliquid nisi nomen et umbra
60　　　　restat, in Elysia valle Tibullus erit.

　　ここに姉妹が哀れな母と悲しみを分けもつために，乱れたままの髪をずたずたにして来た，
　　そしてネメシスも，また先の(恋人)も，その唇を君のそれにあわせ，そして火葬の薪だけをそのまま残して去ることはなかったときに．
55　デリアは下りて来て言った，私はより幸せにあなたに愛された，私があなたの火であった間，あなたは生きていた，と．
　　彼女にたいしてネメシスが言った，どうして私の失ったものがあなたに悲しみになるのかしら，彼は死にながら，力を失っていく手で私を抱いたのです，と．
　　だがもしも我々から名前と影以外になにかが残るとしたら，ティ
60　　ブルスはエリュシウムの谷間にいるだろう．

    hinc soror in partem dolōris cum mātre miserā
        vēnit dīlaniāta inornātās comās,
    cumque Nemesisque priorque sua oscula tuīs
        junxērunt nec sōlōs rogōs destituēre.
55 Dēlia descendens inquit "fēlīcius amāta
        sum tibi; vīxistī, dum tuus ignis eram."
    cuī Nemesis ait "quid tibi sunt mea damna dolōrī?
        mē tenuit moriens dēficiente manū."
    sī tamen ē nōbīs aliquid nisi nōmen et umbra
60   restat, Tibullus in Ēlysiā valle erit.

[語句]

hinc soror in partem dolōris cum mātre miserā ここに姉妹が哀れな母と悲しみを分けもつために；vēnit dīlaniāta inornātās comās, 乱れた髪をずたずたにして来た；cumque Nemesisque priorque sua oscula tuīs junxērunt そしてネメシスもまた先の恋人もその唇を君のそれに合わせ；nec sōlōs rogōs destituēre (destituō の完了形). そして火葬の薪だけをそのまま残して去ることはなかったときに；Dēlia descendens inquit "fēlīcius amāta sum tibi; デリアは下りて来て言った、私はより幸せにあなたに愛された；vīxistī, dum tuus ignis eram. 私があなたの火であった間、あなたは生きていた；sī tamen ē nōbīs aliquid nisi nōmen et umbra restat, だがもしも我々から名前と影以外になにかが残るとしたら；Tibullus in Ēlysiā valle erit. ティブルスはエリュシウム（英雄などのいく死後の極楽）の谷間にいるだろう

obvius huic venias hedera juvenalia cinctus
    tempora cum Calvo, docte Catulle, tuo;
tu quoque, si falsum est temerati crimen amici,
    sanguinis atque animae prodige Galle tuae.
65 his comes umbra tua est; siqua est modo corporis umbra,
    auxisti numeros, culte Tibulle, pios.
ossa quieta, precor, tuta requiescite in urna,
    et sit humus cineri non onerosa tuo.

君は彼に会いにくるがよい，若々しい頭にきずたを巻いて，君の
    カルウスとともに，博学なカトゥルスよ。
君もまた（くるがよい），もし侮辱されたという友にたいする罪が
    誤りであるのならば，君の血と命を浪費したガルスよ。
65 君の影はこの人たちの仲間だ，もしなにか肉体の影というものが
    ありさえすれば，君は敬虔な人たちの数を増やしたのだ，心
    磨かれたティブルスよ。
静かな骨よ，私は祈る，安全な壺の中で休むがよい，そして大地
    が君の灰に重荷とならないように。

obvius huīc veniās hederā juvenālia tempora
  cinctus cum Calvō tuō, docte Catulle;
tū quoque, sī crīmen temerātī amīcī falsum est,
  tuae sanguinis atque animae prōdige Galle.
65 hīs comes umbra tua est; sīqua est modo corporis umbra,
  auxistī numerōs piōs, culte Tibulle.
ossa quiēta, precor, in tūtā urnā requiescite,
  et sit humus nōn onerōsa tuō cinerī.

[語句]

obvius huīc veniās 君は彼に会いにくるがよい；hederā juvenālia tempora cinctus cum Calvō tuō, docte Catulle; 若々しい頭にきずたを巻いて、君のカルウス（詩人、カトゥルスの友人）とともに、博学なるカトゥルス（詩人）よ；tū quoque, sī crīmen temerātī amīcī falsum est, 君もまた（くるがよい）、もし侮辱されたという友（アウグストゥス）にたいする罪が誤りであるのならば、tuae sanguinis atque animae prōdige Galle. 君の血と命を浪費したガルス（軍人にして詩人、皇帝の友人だったが追放され自殺した）よ；hīs comes umbra tua est; 君の影はこの人たちの仲間だ；sīqua est modo corporis umbra, もしなにか肉体の影というものがありさえすれば；auxistī nemerōs piōs, culte Tibulle. 君は敬虔な人たちの数を増やしたのだ、心磨かれたティブルスよ

[*Tristia* I, 3 への補注] (1)　オウィディウスは紀元後8年の秋，11月の初旬ころにローマをあとにして追放地として定められた地トミスに向かうわけだが，その旅の正確な跡はわからない。ただ「悲しみの歌」のI巻の中には，その旅の船中で書かれたと思われる詩もあるので，それらを参考にしてその足跡を簡単にたどってみたい。ローマをでて，どこから船に乗ったかだが，それは南イタリア，アドリア海岸の著名なブルンディシウム Brundisium ではないかと推定されている。ここから対岸のギリシア沿岸を南下してコリントス Corinthus で船を降り，地峡をわたってケンクレアエ Cenchreae に行って，再び乗船する。そしてエーゲ海を渡ってトロイアからサモトラケ Samothrace 島に到着する。ここからすぐ対岸のテンピュラ Tempyra に行くが，ここからはトラキアの南海岸の地を歩いて行こうと思ったと述べている (I, 10, 23)。しかしその後はヘレスポントスの海を行く航路が綴られている。それはプロポンティスのキュジコス Cyzicos からビュザンティオン Byzantion の海岸を経てボスポラス海峡を通過し，黒海に入ったところで有名なキュアネアイ Cyaneai の岩の間を抜けて，あとは黒海沿岸を北上し，アンキアロス Anchialos などの町を経て目的地であるトミスに至るというものである。これはトラキアの南海岸の地をチュニアス Thynias まで徒歩で進み，あとは再び船を利用したということだろうか。またこの旅がいつ終わったのか，トミスにいつ着いたのか，正確にはよくわからないが，出発して4か月くらいか，それともローマから連絡を受けながらゆっくりと1年くらいかけて目的地に着いたとも考えられよう。ちなみに，このトミスというところは，本来はイオニアのミレトス Miletos が得意の海洋術を駆使して紀元前7〜6世紀に黒海沿岸に進出したときに建てた植民市である。オウィディウスも（「悲しみの歌」III 9, 1 以下）ここには土着のゲタエ Getae 族とともにギリシア人の町があると述べている。したがって生活の必要上からもトラキア系のゲタエ語を習得し，詩もものにしたし（「黒海からの手

紙」IV 13, 18 以下)，同時にスキタイ系のサルマタエ Sarmatae 族の言語も話すことができると書いている (「黒海からの便り」III 2, 40)。この地域には支配者の地位にあるギリシア語をもとにした土着民の共通語があったのだろう (「悲しみの歌」V 10, 35)。

[*Tristia* I, 3 への補注] (2)　この詩はオウィディウスが皇帝アウグストゥスの命令によって，黒海のほとりの僻地に追放されていくローマ最後の夜を歌ったものだが，近代にもこの詩を思い出しながら去りがたい思いでローマを発った詩人がいた。それはドイツの文豪ゲーテ J. W. v. Goethe である。ゲーテは 1775 年の秋にワイマルの K. アウグスト公に招かれてその宮廷に入り，公爵の指示により多くの政務に携わり，多忙な日々を送っていた。しかしそのかたわら，本来の文学活動や自然科学への関心も止みがたく，また一方では v. シュタイン夫人への愛に苦しみ，ついにワイマルでの職を辞する決意をしたのだろう。1786 年 9 月のはじめに偽名を使って滞在先のカールスバートを出発，イタリアに向かった。そして北イタリアを経て 11 月にはローマに入った。そして 3 か月ほどここに滞在した後，ナポリ，シチリアにおもむき，翌年の 6 月に再びローマに戻った。そして，1788 年の 4 月までそのまま滞在している。こうしてローマを中心とする古代の文化に接したことで，ゲーテは心の平和を得て，憂鬱の性質もまったくなくなっていた (森鷗外『ギヨエテ伝』p.187，改造社文庫)。しかし，ワイマルのアウグスト公から帰国要請がきた。自らが詩人であることを確信した彼は，帰国後は政務をはなれて文化面を主に担当するようにという提案もあり，まだ去り難きローマを離れてワイマルに帰ることになった。その思いはこのオウィディウスの「ローマとの別れ」に通じるとして，ずっと後にまとめられた「イタリア紀行」を，この詩の冒頭の 4 行と 27–30 行の 8 行でしめくくっている。また自らも Römische Elegien「ローマのエレギ」と題して 20 片ほどの詩を残し

ているが，ここでは故郷のドイツでは味わうことのできないローアの美しさをアモルとともに歌っている。

　ゲーテのイタリア紀行については，ゲーテ自身の著作のほかに，牧野宣彦『ゲーテ『イタリア紀行』を旅する』(集英社新書ヴィジュアル版，2008年)が楽しく読める。

　なおゲーテとオウィディウスとの関係はこのときに始まったわけではなく，彼の少年時代にまでさかのぼる。というのは，その自伝『詩と真実』によると，彼は少年のころから「古典文学の香りを秘めた箱」という，初版は17世紀の中ごろにでたギリシア・ローマの作家たちの逸話や歴史を集めた書物を愛読していて，オウィディウスの「変身物語」は彼の想像力を駆り立てたようである。彼の父の蔵書にはこの詩人の3巻本があり，またアモルの関係の詩集のフランス語訳もあった。少し大きくなって古典語の学習を始めるとともに理解もいっそう深まり，この詩人にたいする尊敬の念を述べている。

付説
  (1) 詩人オウィディウス
  (2) 韻律について
  (3) 古代ローマ人の姓名
  (4) 古代ローマ人の神々

読書案内

(1) 詩人オウィディウス

　詩人オウィディウス（Pūblius Ovidius Nāsō）は，生前にその生涯をふりかえって自伝的な詩を残している。「悲しみの歌」4巻の末尾の第10歌である。もちろんこの130行余の詩が，事実そのものを歌っているとはいえないだろうが，それでも追放という大きな出来事をふくめて，その人生がかなり忠実に語られているように思われる。

　この詩によると，彼はスルモ Sulmo（現在のスルモナ）という，ローマの西アドリア海に近いパエリグニ族の町に生まれた。カエサルが暗殺された翌年，前43年の3月20日と推定されている。父は騎士階級に属していて，比較的裕福な家庭であったから，若くしてアテナイその他各地に遊び，一時は早死にした兄にならって弁論，政治への道に進もうとした。また父もそれを望んだが，無駄であった。というのは，オウィディウスの言によると，韻律のない言葉を書こうとしても，それが自然に韻文になってしまったという。そこで彼はそのまま文筆の道にはいっていくことになる。つまり，オウィディウスは根っからの詩人に生まれついていたに違いない。

　当時のローマ詩壇をみると，カトゥルス Catullus（前84～54？），ウェルギリウス Vergilius（70～19），ホラティウス Horatius（65～8），ティブルス Tibullus（48～19？），プロペルティウス（50～後15？）といった大詩人が輩出している。20歳を少し過ぎたころに「恋の歌」 *Amores* によってこの詩人たちの仲間入りしたオウィディウスは，いわばこの流れの掉尾を飾る位置に立つことになる。彼はティブルス，プロペルティウスと親しかったので，詩型も「変身物語」 *Metamorphoses* と「魚師のこと」 *Halieuticon* を除くと，この2人が愛用したエレゲイア詩型（付説2を参照）を継承している。

彼の生涯は大きく2つの時期に分かれる。それは彼が皇帝アウグストゥスの命によって，ローマの都から黒海沿岸のトミス Tomis（現在のルーマニア領コンスタンツァ）という僻地に追放されたからである。それは後8年ころと推定されている。この追放 relegatio は，exilium とよばれる追放よりは軽く，ローマの市民権までも剥奪される罪ではなかったとはいえ，50歳を過ぎた都育ちの文筆家にとっては，俊寛の鬼界島への島流しにも近いつらい経験であったに違いない。ゲタエ Getae 族とよばれるトラキア系の蛮族に接しながらの毎日の暮らしとその心情は，「悲しみの歌」 *Tristia* 5巻と，手紙形式で多くの知人に呼びかける「黒海からの手紙」 *Epistulae ex Ponto* 4巻に切々と綴られている。では，なぜこうしたきびしい処罰を一詩人の身で，彼が受けなければならなかったのだろうか。

　それには，彼の手になる「恋の技法」 *Ars amatoria* のような作品，つまり詩人自らが「恋の指南者」 praeceptor amoris として，男たちが遊び女を，また遊び女が男たちを相手に楽しむ方法を教える3巻の歌を公にしたことに加えて，なにか彼が犯したあやまちがあったからだという。皇帝はかつて姦通罪とか不倫といった社会的な問題を法律によって取り締まることを試みたにもかかわらず，その後自分の娘や孫娘がこれに反する罪で島送りされるという不祥事もあって，よけいにオウィディウスの詩が悪い風潮をあおるものとみなしたのかもしれない。詩人は追放当初から皇帝に罪の軽減を願い，少しでも都に近いところに移るなどの恩赦を望んでいた。しかし後14年のアウグストゥスの死まで，その願いはかなわなかった。そしてやがて17/18年に，詩人自身もそのままかの地で世を去った。彼は若いときに2度結婚したが，いずれも長続きせず，しばらく独身ですごした後に3度目の妻を迎えた。彼女は追放のときに妻として夫とともにかの地におもむくことを願ったが，夫の言葉によりローマに留まり，彼の心の支えとなった。

この追放という大きな事件以前，つまりローマでの活躍の時期の作品には，さきにあげた「恋の歌」Amores 3 巻 49 詩に続いて，手紙形式の「名婦（の書簡）」Heroides がある。これは神話で有名な女性が夫または愛人にあてたと仮定される手紙，たとえば，ペネロペイアが夫ウリクセス（オデュッセウス）に当てて書いた手紙の形式で歌われている。このうち，最後の 16～21 篇は往復書簡である。ただこの 6 篇には，偽作説もある。これらの作品の後に，一連の恋愛についての教訓詩がある。まず 100 行余の「女の顔の手入について」De medicamina faciei femininae，ついで先にあげた「恋の技法」Ars amatoria 3 巻 2,330 行，それから「恋の治療」Remedia amoris 800 行余があるが，これはいわば「恋の技法」の第 4 巻ともいえる作品である。

これらの作品と平行して綴られたと思われる 2 つの大作がある。それが詩人の代表作といわれる「変身物語」Metamorphoses と，ローマの祭日を題材にした「祭暦」Fasti である。「変身物語」は 15 巻，約 12,000 行。はじめに混沌のカオスの中からの人間の誕生が語られ，そして 1 巻半ばから 6 巻の途中までは神々についての話題になるが，それ以降 11 巻に至るまでは，イアソン，メデイア，ミノス，アリアドネ，デイアネイラ，ヘラクレス，ミュラなど，多くの英雄や名婦が活躍する。そしてその後，トロイアをめぐるさまざまな事件が語られてから，ローマ建設の父アエネアス父子のデロス島への上陸があり，ついにはこのウェヌスの子は神となって天に昇っていく。そして最後はカエサルの魂が星になって天の不死のものの中に置かれるという終幕になるが，この間にじつに多くの物語が展開されていく。当時の詩人に求められていた学識にあふれた大作といえよう。その中にはギリシアからの伝承はもちろん，詩人自身の創作もふくまれ，それらが 1 つに溶け合って後の世界に受け継がれている。なお，他の作品の多くはエレゲイアだが，この「変身物語」はギリシアでヘクサメトロス hexametros「六歩格」（ラテン語では hexameter）とよばれた詩型で綴ら

れている。この詩型はギリシアの詩聖ホメロスの2大叙事詩が使用しているもので，ここにオウィディウスの意図がうかがわれる。詩人によると（「悲しみの歌」I,7,15 行以下）），追放のときに自らこの作品を火中に投じたが，友人の間にコピーが残っていたのであろう，後世のわれわれにとってはたいへん幸いなことであった。もうひとつの「祭暦」も，計画されていた各月 1 巻の全 12 巻の半分，約 5,000 行近くが完成して終わっている。ここでもローマの天文，歴史，宗教など，話題は広い範囲におよんでいる。

　追放後のトミスでは，先にふれた「悲しみの歌」5 巻と「黒海からの手紙」4 巻が主な作品である。「悲しみの歌」は，詩人の弁明に全体が当てられている 2 巻をのぞくと，その他の巻はそれぞれ 10 歌余をふくみ，トミスでのつらい経験を綴ったもののほか，妻にあてた手紙が多くみられる。全体としては，3,600 行に近い。これより 400 行ほど短い「黒海からの手紙」は全体で 4 巻，各巻 10 歌ほどを含むが，第 4 巻だけは 16 歌である。それぞれに手紙の宛先が示されている。

　この 2 つの長い作品のほかに，この地で書かれたと思われるものに，「イビス」*Ibis* と題される 640 行ほどの作品がある。この題名は，ヘレニズム時代のギリシアの学識高い詩人で，ローマの詩壇にも大きな影響をあたえたカリマクス Callimachus の失われた同名の作品からとられた想像上の人物の名前とされている。カリマクスの相手はロドス島出身のアポロニウス Apollonius Rhodius，あの「アルゴ船物語」*Argonautica* の作者で，この 2 人は多年にわたって論争を続けてきたという。そこでカリマクスは，この相手がエジプトのナウクラティス Naucratis の市民であったところから，この町のエジプトの神への信仰と，それに捧げられた聖なる鳥イビス（トキの一種らしい）の名を借りて，これを徹底的に呪い殺す詩を綴ったという。そこでオウィディウスもこの題名を借りて，自分も憎き相手を多くの神話などを題材にしながら呪い殺そうという詩を書いたのだろう。ただし，この相手の

名前はわからない。ただ彼は，このほかにも，たとえば「悲しみの歌」III, 11 歌で激しく敵を攻撃している。それは彼の財産を奪おうとした男だったらしい。さらにまた同じ歌集のIV, 9 歌でも，復讐の機会はなくとも詩によってお前を未来永劫にわたって非難し続けるだろうという激しい言葉を書き綴っている。

　もうひとつ，トミスの海岸での経験をもとにしたと思われる「魚師のこと」*Halieuticon*，つまり魚釣りについての130行ほどの短かい作品が残っている。漁師と猟師の対比とか，いろいろな珍魚の名前がみられる。なお，先にものべたが，この詩の韻律は「変身物語」と同じ六歩格である。

　トミスに追放されてから，詩人は狂気に駆られて自分の詩を燃やそうとしたこともあった（「悲しみの歌」IV, 10, 61 以下）。こうした生活のなかで，あるいは失われた作品もあったろう。たとえば，悲劇「メデイア」とか，あるいはゲタエ語で書かれた詩もあったらしい。

　最後に，オウィディウスに親しみ，その作品（「悲しみの歌」「黒海からの手紙」）を念頭においで書かれた近現代作家の作品を2つ紹介しておこう。詩と小説である。

　その詩は，ロシアの詩人マンデリシュターム Osip Emil'evich Mandel'shutam の詩集 *Tristia* で，1922年，ベルリンで出版された（日本語による翻訳と注は，『トリスチア（悲しみの歌）』早川真理訳，2003年，群像社）。このタイトルはオウィディウスの詩集と同じだが，こちらは40篇のなかの1つの詩の題名からとったもので，選んだのは著者自身ではなく編集者だったらしい。テキストにも問題があり著者には不満があったようだが，現在では校訂などによって省かれた詩を復活させ，訂正を加えたテキストが出版されている。

　とはいえ，この題名はマンデリシュタームの生涯にもよく符合している。1891年，ワルシャワのユダヤ人実業家の家に生まれ，まもなく

ロシアに移住した詩人は，ボードレール，ヴェルレーヌを経験しながらいくつかの詩集を発表，やがて独自の象徴的な詩風によって詩壇に確固たる地位を築いた。しかし，極端な政治的無関心を理由に30年代に政府の粛清によって逮捕，38年には収容所に送られ，1942年に死去したという。この詩集の巻末に添えられたエッセイのなかの「言葉を否定する国家にたいして共に苦しむことは，社会的な道であり，現代の詩人が身を賭すべき行動である」という言葉は，詩人の切実な心の表現ではないだろうか。1915年から22年ころにかけて書かれたこの詩集には，1917年の革命をはさんだ大きな変革にともなう苦悩が暗い影を投げかけている。たとえば，15歌「カッサンドラーに」を読むと，夜になると苦しめられるさまざまな思い出をこう書き記している。「そして1917年の12月にわたしたちはなにもかも失ってしまった，愛しながら，ある者は人民の意志により収奪され，人民はわれとわが身を収奪した——装甲車が列をなす広場でわたしはひとりの男を目にする——彼は火のついた棒で狼どもを威嚇している，自由，平等，法！　と」。注に見られる1917年11月の作という詩をこの詩に重ねると，当時の社会的な状況がまざまざと浮かびあがってくる。22歌のTristiaと題する詩は，オウィディウスの同名の詩集I巻3をふまえて，「髪をふり乱した夜の泣訴につつまれて，わたしは別離学を修めあげた」とはじまる。ちなみに，ローマの詩人のこの作品の冒頭の4行が，エッセイ「言葉と文化」のはじめにも，ラテン語のまま引用されている。ところで，この別離学の「学」というのはオウィディウスのArs amatoria の ars が念頭にあるのだろうが，「誰が知り得よう，この別離という言葉にいかなる別れがわれらにひかえているかを」と問うている。そして次の第3連で，思いもかけなかった別れとして，ティブルスの詩集Iの3の歌が思い出される。この別れは，詩人が自ら体験したものか，あるいは架空のものか，はっきりしないが，いずれにしても親しい友とともに出発した遠征の途上で病に倒れた詩人が，あ

とに残した恋人デーリアへの思いと，彼女のさまざまな気づかいを想像して，ついには天から降り立ったように彼女の迎えを待つという詩で，苦労の末に故郷に帰還したホメロスの「オデュッセイア」を思わせる作品と解されている。ところがこのロシアの詩人にとっては，たとえデーリアが飛んできても，その歓びの言葉は乏しく，一瞬のうちに別離がやってくる。そこで乙女は占いのために蜜蠟に瞳をこらすが，やはり死に行く運命は避けられなかったと結んでいる。

　もう1つの作品は小説である。オーストリア出身のランスマイヤー Christoph Ransmeyr が著した *Die letzte Welt* (Noerdlingen, 1988)，日本語訳は『ラスト ワールド』(高橋輝暁・高橋智恵子訳，1996年，中央公論社) である。著者は1954年生まれ，月刊誌の編集などを経て1980年代から作家として活躍している。本書は刊行後，多くの国で翻訳されベストセラーになったという。全15章からなるこの作品は，皇帝の命令によってトミス (作中ではトミ) に追放され，その地で死んだオウィディウス (作中ではナソ) の足跡を追って単身この地におもむいたローマ人コッタが，詩人の代表作である「変身物語」を探し，その生前の生活を知ろうと苦心しながら，あわせてこの僻地に住む人々の苦しみと楽しみを描いている。なお，この作品に登場する人たちの名前には，イアソン，エコー，ピュタゴラス，リュカオンなど，いずれもギリシアやローマの歴史・神話にみられる名前が使われている。そのため巻末に，小説に登場するそれらの人物と古代世界におけるそれに相当する人物とを対照した説明つきの一覧が付されている。「ラストワールド」という表題は，詩人ナソの作品のなかで唯一その名称を明示してとりあげられている「変身物語」の「変身」という言葉——それはナソが住んでいたといわれるトラキアの廃墟を2度にわたって訪れたコッタが見た，石碑とともに立つ小旗に書かれた「姿変えざるものなし」という言葉によって表されている——に象徴される終末観的な思考によるものだろうか。

ナソは自分の作品の登場人物を追放先にも同伴して，沈黙することなく物語を書き続けた。それは滅び行く世界を映す虚妄の絵巻だったのかもしれない。しかしこうした終末を経て，その先には新たな未来が期待されていた。コッタは皮膚に鱗をもった女性エコーと親しくなる。彼女がナソから聞いたという「石の本」の話によると，生物が石になることで，この世の混沌から抜け出せるという。ナソは誰よりもこの世界の破局を知っていた。あるいは，この予言，すなわち世界が滅亡するという予言こそが，ナソがローマから追放された本当の理由だったのかもしれない。エコーによると，すべてを滅亡させる大洪水の後，この世界には新しい人類が生まれると，ナソは火の中から読みとっていたという。欲望や愚かさや支配欲のために滅びた人類が泥になり，そこから這い出してくるものを，ナソは本来の真の人類とよんだという。

　本書の中で，読者は著者とともに古代と現代を自由に往還することになる。たとえば，ナソ追放の原因については，古来いろいろな推測がなされてきたが，著者によると，ローマに建設されたスタジアムの落成式でナソがその祝辞でギリシアのアイギナでのペスト流行の恐ろしさをのべたこと，そして皇帝の訓令がでていたにもかかわらず詩人が娼婦を家に泊めたことなどから，種々の処罰を受けることが予想されていた。ところが最後の瞬間，この件についてどの程度の認識をもっていたのか定かでない皇帝の手の動きは「去れ」を意味するものだった。つまり，それはトミという僻地への追放であったという。このようなローマでの逸話と並んで，トミを訪れたギリシアのフリゲート艦アルゴ号がもちこんだ「エピスコープ」（投影機）に熱中して心の平衡を乱し，ついには石と化してしまったよろずやファーマの息子である少年パトゥスの悲劇，あるいはプロセルピナという妻をもつドイツ人ティースが語るナチスのガス殺人にも似た戦いは，文字通り「人間は人間にとって狼である」という近代の悲劇を物語っている。

(2) 韻律について

　1行の詩を構成するのは，そこに含まれる語とそれらどうしのつながりだが，それをまとめあげているのは韻律である。日本語の場合は，同じ長さの音節が連続しているので，俳句や和歌では5，7，5（，7，7）のように，一定の音節数が基本になっている。ここには音節の長短や強弱の問題は入ってこない。その証拠に，例えばゲーテの書いた詩「野ばら」Heidenröslein をもとにシューベルトが作曲した有名な歌曲は，原詩の強弱のリズムにぴったり合っている。ところがこれを日本語訳にのせて歌うと，原詩のリズムは消えて同じ長さの音節がずらりと並んで，日本語の「野ばら」になってしまう。とはいえ，われわれにも利点がある。というのは，例えばラテン語の malus「悪い」という語は短短の音節の連続で，われわれにとってはなんの問題もないが，ドイツ語の話し手にとっては長短の音節になってしまうという。母語の力が陰に作用しているとしか考えられない。また欧米の言語の話し手は，それぞれの言語において綴り字に対する独自の感覚をもっているので，ラテン語を読むのにも自然にこの習慣がでてきてしまうものだが，われわれにはこれがないので素直にラテン語をそのまま読むことができる。

　ラテン語の詩の詩型は，原則としてギリシア語のそれを踏襲している。したがって，韻律の基本は長短の音節（母音の長短と区別して，音節の場合には重軽というほうがよいかもしれない）の組み合わせである。日本語には，ラテン語詩を構成するための基本となるこの音節の長短の区別がないので，はじめにその原則にふれておこう。

　すべての語は長短の音節からなるが，詩の場合には長い音節というときに，2通りある。その音節に長母音，二重母音が含まれていれば，

これは当然「自然 natura に」長い音節であるわけだが，それとは別に，「位置 positio によって」長いとよばれる音節がある。これは，その音節を構成する**母音そのものは短いのだが，それが 2 つ以上の子音の前にあるときには，これを「長い」として数える**きまりによっている。たとえば，sum の 3 人称・単数・現在形の est（英語 is, ドイツ語 ist），あるいは saxum「石」< sa-ksum の sa- は「長い」。そして**この規定は，詩の 1 行中の語の連続にも拡大して適用される**。すなわち，語と語の切れ目ではなくて，それを超えた語末の子音と次にくる語の語頭の子音とのつながりに注目することで，「短母音＋子音」で終わる語が次にくる語の語頭の子音のために，長い音節を構成するという約束である。

　　　hoc legat et lectō carmine doctus amet（*Ars amatoria* I,2）
　　　— ◡ ◡ ｜ — —｜— ◡ ◡ ｜ — ◡ ｜ ◡ ｜
　　　「これを読むがよい，そしてこの歌を読むと彼はその知識をもつ者として愛をするがよい」

ここで，はじめの hoc legat は長短短 — ◡ ◡，つぎの et lectō は長長長 — — — である。というのは，et l- における t と l の子音連続によってこの et は長になり，また lec-tō も長だから，長の連続になる。同様に，つぎの carmine も car-mi-ne 長短短 — ◡ ◡ であり，doctus amet も doc-tus(-) a-met 長短短短 — ◡ ◡ ◡ と数えられる。

　ただしこのような場合には，h- は子音として考慮されない。したがって，たとえば in *hostēs*「敵の中に」の in は，「短い」ことになる。

　　　longius hāc nihil est, nisi tantum frīgus et hostēs,（*Tristia* II, 195）
　　　— ◡ ◡ ｜ — ◡ ◡ ｜ ◡ ◡ ｜ — — ｜ — ◡ ◡ ｜ — — ｜
　　　「ここの彼方にはなにもない，ただ寒さと敵を除いては」

また，qu, gu は 1 子音である。そこで，たとえば certāmen e*qu*ōrum「競馬」(*Ars amatoria* I,135) は －|－∪∪|－∪ であり，languidus ... equus「弱った馬」(*Tristia* IV, 8, 20) は －∪∪ ...∪∪ である。また，su にも同じ扱いが認められる。たとえば，suādēbant「すすめた」(*Tristia* IV, 10, 39)，adsuēvit「慣らしてきた」(*Ex Ponto* III, 7, 17) は －－－ である。このほかにも，p, b, f, t, d, c, g ＋ r, l のように，2 つの子音の連続でありながら，しばしば 1 子音として扱われるものがある。したがって，たとえば lacrimae「涙」は ∪∪－ である。

at mihi jam puerō caelestia sacra placēbant,(*Tristia* IV,10,19)
－ ∪∪|－ ∪∪|－ －|－ ∪∪|－ ∪ ∪|－ － |
「それに対して私は少年でありながら天上の神々の秘儀が気に入っていた」

なお，語によっては，長短のいずれにもなる母音がある；ego の -o, mihi の -i, ubi の -i など。

līberior frātrī sumpta mihīque toga est, (*Tristia* IV,10,28)
－∪∪|－ －|－ ∪ ∪|－ ∪ ∪| － |
「成人のトガが兄と私に着られることになった」

上の toga est の -a est の例にみられるように，語の連続の中では，母音，二重母音は，次にくる語の母音，二重母音の前で (h ＋母音，二重母音の場合も同様) 省略される (したがって，toga の a は省略される)。

rēsque novae veniunt, causaque agenda sua est. (*Ars amatoria* I,86)
－ ∪ ∪|－ ∪∪|－ ∪ ∪|－ ∪∪|－ |
「新しい事態が生じて，自分の訴訟が行われなければならなく

なる」

ergō age, nē dubitā cunctās spērāre puellās. (*Ars amatoria* I,343)
　－ ∪∪｜－ ∪∪｜－　－｜－　　－｜－∪ ∪｜－ －

「そこでさあ，君は疑ってはいけない，すべての乙女が望んでいることを」

　また，語末の母音の後に -m がついているとき，次にくる母音，二重母音の前で（h ＋母音，二重母音も同様に）この -m も（鼻音化するか）省略される。

proximus huīc labor est placitam exōrāre puellam. (*Ars amatoria* I,37)
　－∪ ∪｜－　∪∪｜－　∪∪｜－　－｜－∪ ∪｜－ ∪

「そのつぎにやるべきことは，気に入った乙女を口説き落とすことである」

quī Martem terrā, Neptūnum effūgit in undīs. (*Ars amatoria* I,333)
　－　－｜－　－｜－　－｜－　－　｜－∪ ∪｜－　－｜

「地上ではマルスから，海上ではネプトゥヌスから逃れた者（アトレウスの子）は」

　ところで，オウィディウスは詩作にあたって2種類の韻律を使っている。ひとつは六歩格（ヘクサメテル hexameter）とよばれるもので，「変身物語」に一貫してみられる。その他の作品の大半には，エレゲイア elegeia (elegīa)とよばれる2行単位の詩型が用いられている。エレゲイアの1行目は六歩格を，2行目には五歩格（ペンタメテル pentameter）とよばれる，1脚短い詩型を組み合わせる。つぎの例をご覧いただきたい。

munditiīs capimur, nōn sint sine lēge capillī:
　‒ ◡◡|‒ ‒|‒ ‖‒ ◡◡|‒ ◡◡|‒ ⏓
admōtae formam dantque negantque manūs.(*Ars amatoria* III, 133–4)
　‒ ‒|‒ ‒|‒ ‖ ‒ ◡◡|‒ ◡◡|‒

「われわれ（男）は清楚なものにひかれる，（だから）髪は乱れていないようにしなさい。かけた手がよい容姿をあたえたり，また台無しにもする」

　この1行目は ‒◡◡ または ‒‒ の6脚（第6脚では ‒◡ も許される）からなる。そしてつぎの2行目は，同じ ‒◡◡ または ‒‒ という脚が2つと，‒ が，つまり2＋1/2脚が2回繰り返される。そして，この終わりの ‒ には，◡ も許される。この6脚と5脚の2行によって，エレゲイアの1つの単位をなすまとまりがつくられることになる。上にあげた詩の1行目（六歩格）の第3脚の中間に，意味の切れ目とともに息を継ぐための休止が入っている。これにたいして，下にあげた詩の1行目をみると，その休止が脚の終わりと一致している。休止は第4脚の終わった位置にある。

lēgerit et nōlit rescrībere, cōgere nōlī ;
　‒ ◡◡|‒ ‒|‒ ‖‒ ◡◡|‒ ◡◡|‒ ‒|
tū modo blanditiās fac legat usque tuās.
　‒ ◡◡|‒ ◡◡|‒ ‖ ‒ ◡◡|‒ ◡◡|

(*Ars amatoria* I, 479–80)

「（彼女が君の手紙を）読んだ，そして返事を書こうとしないとしよう，君は無理強いを望んではいけない，君はただ君の甘い言葉を最後まで彼女が読むように努めなさい」

　詩人自身，この詩型について「恋の歌」I巻1の冒頭に，つぎのよう

に歌っている。

> arma gravī numerō violentaque bella parābam
> ēdere, māteriā conveniente modīs.
> 「武器とはげしい戦いを重々しい韻律で発表しようと私は用意していた，その調べに合った題材によって」

というのは，詩人ははじめ，ホメロスの詩のように戦いを華々しく歌い上げようと思っていた。この詩型は五歩格と違って，pār erat inferior versus.「下の行も（上の行と）等しかった」のだが，そこで愛の神である「少年クピドが笑って」rīsisse Cupīdō dīcitur atque ūnum surripuisse pedem.「そして，1本の脚（足と詩の脚）をさらっていったといわれている」。その結果，オウィディウスは愛の詩にふさわしい六脚と，それに一脚欠けた五脚とからなるエレゲイアで書くことにしたというわけである。

また，同じ歌の終わりに近いところで，再びこの詩型を次のように歌っている。

> sex mihi surgat opus numerīs, in quinque resīdat ;
> ferrea cum vestrīs bella valēte modīs.(*Amores* I,1,27–28)
> 「私の作品は6の脚で上昇し，5で沈むがよい，鉄の戦よ，さらば，君たちの調べとともに」

しかしその後，不幸にも皇帝によってローマを追放されて黒海沿岸の僻地トミスまでやってくると，かつての作品の主題であった恋は消え去り，心の中にあるのは悲しみばかりになっていた。そこで詩人は，自らの作品が語る言葉として，こう訴えている。

inspice quid portem: nihil hīc nisi triste vidēbis,
carmine temporibus conveniente suīs.
clauda quod alternō subsīdunt carmina versū,
vel pedis hoc ratiō, vel via longa facit. (*Tristia* III, 1,9–12)

「私がなにをもちこむか，よく見たまえ，ここでは悲しみのほかにはなにも見えない だろう，歌はその時々に呼応しているのだから」

「びっこをひいた歌が交互の詩句でしゃがんでしまうのは，それは（足と，六と五という詩句の脚をかけている）脚のせいか，さもなければ長旅がそうさせているのだ」

こういって詩人は涙でその作品を台無しにし，もしも詩の表現がラテン語でないように思われるとしたら，それはこの蛮族の地のせいだとまで嘆いている。

どの詩型に限らず，詩というものはきめられた韻律を守りながら綴られていくものだから，散文のように意味のつながりのある語をフレーズにまとめて提示することがむずかしい場合が多い。関連する語がしばしば1行のなかで，あるいは2行にまたがって，離れた位置におかれることになる。その場合，韻律による語末の長短が，語と語のつながりを示す手がかりになるだろう。つまり，詩を解釈するにあたって，韻律を理解していることが大きな意味をもってくるわけである。たとえば，下の例のように。

haec erit admissā mēta premenda rotā. (*Ars amatoria* I, 40)
 _ ∪∪│_   _│_│ _∪   ∪│_   ∪ ∪│_│

「これが全速力で走る車で admissā rotā 迫るべき標柱だ mēta premenda」

ここでは，1行の中で admissā ... rotā は離しておかれているが，この -ā ... -ā という長い -a のつながりと，mēta premenda における短い -a のつながりとは区別されよう．

　　Gnōsis in ignātīs āmens errābat harēnīs. (*Ars amatoria* I, 527)
　　　‿◡ ◡|‿ ‿|‿ ‿ ‿|‿ ◡ ◡|‿ ‿ |
　　「クレータ島の乙女（アリアドネ）は見知らぬ砂浜を in ignātīs harēnīs 狂気に駆られて āmens さまよっていた」

　　fīlia mē mea bis prīmā fēcunda juventā
　　◡◡| ‿ ◡ |‿　 ‿|‿ ‿|‿ ◡ ◡|‿ ‿|
　　(*Tristia* IV, 10, 75)
　　「私の娘は fīlia mea ごく若いときに prīmā juventā 2度身ごもった bis fēcunda が，私を mē ...（祖父にしてくれた）」

ここでは，fīlia ... mea ... fēcunda の -a のつながりが認められる．

なお，本書でとりあげたテキスト中，韻律について特に注意したい個所には，その語彙に簡単な注をつけた（語句欄）．

(3) 古代ローマ人の姓名

　姓名の由来を尋ねるのは面白いけれども、よくわからないことも多い。親が子につける名はともかく、姓のほうは先祖代々のものだから、その源をつきとめるとなると容易ではない。また古くは国により民族によって表記の様式も違っている。

　インド・ヨーロッパ(印欧)語族は、古くは姓名を1語で表すことが多かった。古代のギリシア人がその一例で、アガメムノン Agamemnōn とかフィリッポス Philippos で姓名を表していた。ときには、これに父の名を形容詞化したものや、その属格形を添えて表すこともあったが、それは必ず必要というわけではなかった。ところで、その形の意味を知ろうとすると、アキレウス Achilleus とかテラモン Telamōn などは難しいが、大王アレクサンドロス Alexandros ならば aleks-andros「人々を守る」、その父フィリッポス Philippos ならば phil-ippos「いとしい馬をもつ、馬を愛する」のように、合成形を分析して意味がとらえられるものも多い。それでは、哲学者プラトン Platōn のような単一な形はどうだろうか。紀元後3世紀ころのキリキアのディオゲネス Diogenēs Lāertios の「ギリシア哲学者列伝」(III, 4)によると、プラトンははじめは祖父の名をとってアリストクレスとよばれていたのだが、若いときに体育の練習にはげんで立派な体格をしていたので、先生からプラトン Platōn というあだ名をつけられのだという。これはおそらく、「平らな、幅広い、大きな」の意味をもった platys という形容詞が頭にあっての命名だろう。また彼の文章表現の豊かさ platytēs のゆえに、この名前がつけられたという人もいるし、さらには額が広かったからだという説もあるという。これらの命名のきっかけは、若いプラトンの才能もさることながら、それよりも身体の特徴にあったとい

えよう。これは次にのべるローマ人の名前にもみられることである。それにしても，個人の名前が古くは法的に固定されたものではなかったという点は興味深い。

　古典期のローマでは，クレオパトラの夫になったアントニウス Marcus Antōnius のように，名と姓の 2 形から構成される例もあるが，普通は男性の名前は 3 つの形から構成されていた (1.praenōmen 名, 2.nōmen 姓, 3. cognōmen 添え名，あだ名）。たとえば，Gāius Jūlius Caesar ならば，ユリウス家のガイウス，添え名カエサルということになる。ちなみに，このユリウス家はユリア氏族 gens Jūlia というローマ最古の名門で，歴史をさかのぼれば，トロイアの英雄でローマ建国の父ともいうべきアエネアス Aenēās の息子ユルス Jūlus (Iūlus) にはじまるという。したがって，この一族に属する人たちは非常に多いから，当然もうひとつの添え名によってそれぞれの家を区別する必要にせまられることになるだろう。カエサルを添え名にした Jūlius Caesar を名乗る人も，あの有名なカエサルがはじめてではなく，彼以前にも記録されている。そこでこの Caesar という添え名の由来だが，本来はラテン語ではないらしいという説もあり，はっきりとはわからない。一説には，caesius「青灰色の」目であったからとか，caesariēs「長いふさふさとした髪の毛」と関係があるとか，さらには nātus – – ā caesō mātris uterō「母親のお腹を切って生まれた」ともいうが，いずれも Caes- という形との関連から連想された民間語源 (folk etymology) の域をでない。しかもこの切開手術から生まれたのはカエサルを名乗る最初の人ばかりではなくて，あの大スキピオ Scīpiō Āfricānus の名もあげられている (プリニウス Plīnius「博物誌」VII, 47)。とはいえ，この出生の秘密は，今日の「帝王切開」(英語 Caesarean section, ドイツ語 Kaisarschnitt) などの名前に生き残っている。

　つぎにローマを代表する文人キケロ Cicerō, 正式には Marcus Tullius Cicerō の添え名をみてみよう。ここでも解釈の基礎になるのは，cicer

という豆である。プルタルコスはその「対比列伝」(「英雄伝」)の「キケロ」篇冒頭に，キケロの先祖の鼻の頭にこの豆の割れ目にそっくりなくぼんだ筋がうすくあったところから，この名がつけられたのだと書いている。この豆は現代の英語，ドイツ語，フランス語の chick, Kicher, chiche に形を変えて受け継がれているが，その割れ目の筋というのは今のインド料理に使われているひよこ豆からはあまり判然としない。この話はプルタルコスがいう豆がラテン語の cicer に相当するとみて，これをキケロという名前と結びつけた，形の上での連想からくるこじつけだろう。しかしこの名前についてのもうひとつの理解も，やはりこの豆を踏まえたものである。かつて faba「豆」, lens「ひらまめ」と並んで cicer「ひよこ豆」を上手に栽培した農民がいた。それらが Fabius, Lentulus, Cicerō という添え名になって残っている，というものである (プリニウス「博物詩」XVIII, 10)。このほうが同じ形の連想をもとにしているとはいえ，実感があるように思われる。

　ここで比較的明瞭な添え名をみてみよう。共和政のころに活躍したアッピウス・クラウディウス Appius Claudius という政治家がいた。この人は紀元前 312 年に監察官になり，その後 2 度執政官を務め，その間にアッピア水道の敷設やアッピア街道の建設に尽くしたが，晩年にいたって視力を失い，ために caecus「盲目の」という添え名で後々までその名を残している。とくにその弁舌が注目されたのは，当時ギリシアのエピルスの王でアレクサンドロス大王のまた従兄弟であったピュルス Pyrrhus という男のだしてきた和平提案に断固反対した元老院での力強い演説の言葉であった (詳しくは，プルタルコス「ピュルス」篇 19)。そのため，この「盲目のクラウディウス」は，キケロをはじめ数々の文人たちにも長く記憶されている。ちなみに，この人の言葉として，faber est suae quisque fortūnae.「ひとりひとりが自分の幸運の作り手である」というのがある。

　つぎは紀元前 2 世紀の前半に登場した喜劇作家ププリウス・テレ

ンティウス・アフェル Pūblius Terentius Āfer だが，この Āfer は「アフリカ人，カルタゴ人」を表す形容詞である。「アンドロスの女」をはじめ6つの喜劇を残したこの作家は，カルタゴの生まれで，本来は解放奴隷の身で10代にしてローマに連れてこられた。そしてテレンティウス・ルカヌス Terentius Lūcānus という元老院議員の下で働いていたが，その才能を認められて教育をうけ，解放されて主人の姓であるテレンティウスを名乗り，出身地の Āfer を添え名とした。彼は25才のころまでに作品をすべて発表した後，ローマを去っていったが，その後の生涯はわかっていない。

　少し変わった添え名もあげておこう。今わが国でも立派な国語になっているハイブリッド hybrid という語がある。その源になったのはラテン語の hybrida (m.f.) という語だが，これを添え名にしたローマ人がいた。それはガイウス・アントニウス・ヒュブリダ Gaius Antōnius Hybrida である。彼はマルクス・アントニウスという弁論家の息子で，早くから政界に活躍し，紀元前63年にはキケロとともに執政官の職にあったが，あのカティリナの乱にたいして二股をかけた態度をとったのでとがめられて追放された。しかしカエサルの恩顧をうけて再び元老院にもどり，監察官などを務めた。このふるまいからみて，ヒュブリダというのはあだ名のように思われる。この hybrida という語は，はじめは動物の「雑種」をさし，その典型としては，飼育している雌豚と野生の雄猪との合いの子があげられる。そしてこれが人間にまで拡大されて，ローマ人と非ローマ人の母の間に生まれた子供などに使われるようになったらしい。プリニウス（「博物誌」VIII, 213）はこの語が人間にたいして転用された例として，真っ先にこの人の名をあげているから，これは周知のあだ名だったらしい。この hybrida という語は一見ギリシア語の起源を思わせるが，確証はむずかしい。

　このような3つの形を使う男性の姓名にたいして，女性の名は1つ

の形で示され，結婚しても変わりはなかった。一例をあげると，アウグストゥス帝の終生の友としてアクティウムの海戦にも参加し，ローマの浴場や港などの建設にも参加したアグリッパ Marcus Vipsānius Agrippa は，キケロの友人であったアッティクス Titus Pompōnius Atticus の娘アッティカ Attica と結婚，その間に生まれた娘はアグリッピナ Agrippīna とよばれている。これは父の添え名の形容詞形である。ちなみに，この Agrippa という形は ＊ agrei-peds「足でまず世にでた」qui in pedes nascitur（プリニウス「博物誌」VII, 45），つまり，この先祖は「逆子」であったといううがった説がみられるが，にわかにはうなずけない。ところでこのアグリッピナは，後にティベリウス Tiberius 帝の最初の妻になるが離婚している。アグリッパのほうはアウグストゥス Augustus 帝の娘ユリア Jūlia と 2 度目の結婚をする。そしてうまれた娘は，同じくアグリッピナとよばれている。彼女は武将ゲルマニクス Nerō Claudius Germānicus と結婚し 9 人の子をもうけたが，その中には後のカリグラ帝 Caligula も含まれている。ちなみにこの皇帝，正式には Gāius Jūlius Caesar Germānicus の，カリグラというあだ名は，本来は caliga「紐つきの編み上げ靴」の派生形で，多くの兵隊が使用していたものを，この皇帝も愛用していたので彼のあだ名となったといわれている。なお，ゲルマニクスはゲルマニアに転戦した後にシリアのアンティオキアで謎の死をとげたが，アグリッピナ自身この夫の死をめぐってティベリウス帝に敵意を抱いていたために，元老院によって南イタリアの小さな島に追放され自ら死を選んでいる。しかしこのアグリッピナを母とする娘として，もうひとりのアグリッピナがいる。彼女の夫はドミティウス Gnaeus Domitius Ahēnobarbus だが，この「赤ひげ」の添え名をもつ一族は，ドミティウス家の有力な一派であった。この 2 人の間に生まれたのが，後の皇帝ネロである。彼もはじめは父にならって Lūcius Domitius Ahēnobarbus であったが，後には母がクラウディウス Tiberius Claudius Nerō Germanicus の 4 番

目の妻となり，自分もその養子になり，その後まもなく皇帝となって，Tiberius Claudius Nerō Caesar という名前に変わっている。ちなみに，夫を毒殺したといわれる母アグリッピナとともにローマ史上に悪名高いこのネロの名は，クラウディウス家の古い添え名で，さきにふれた盲目のアピウスの息子にはじまるものとされ，スエトニウスの言葉（「皇帝伝」の「ティベリウス」篇 I, 2）によると，linguā Sabinā fortis ac strēnuus「サビニ語で勇敢にして旺盛な」という意味であるという。サビニ族はローマの北東部に居住していた集団で，オスク語の話し手だったらしい。したがってこの形は本来は外来語だが，ギリシア語の anēr「男，夫，人」など，ラテン語周辺の印欧語にも関連する形が認められることからすると，ラテン語では vir「男，夫」におきかえられて廃語になったのかもしれない。それにしても，3代にわたってアグリッピナという名を継承した女性たちに不便はなかったのだろうか。歴史家は，ひとりめの彼女にその父姓の女性形 Vipsānia をつけ，その後の2人には「大」と「小」をつけて区別してよんでいるから大きな不便はないのだが。

　最後に，本書の主題であるオウィディウス Pūblius Ovidius Nāsō の添え名ナソのいわれだが，形の連想から nāsus「鼻」（の大きい）という説があるが，真偽のほどは残念ながらわからない。

(4) 古代ローマの神々

　古代ローマの神々の名前をたどっていくと，しばしばギリシアの神々と対をなしてその名前があげられている。たとえば，ゼウスの父で，この息子に王位を奪われたクロノス Kronos は，ローマでは農耕とぶどうの神サトゥルヌス Sāturnus に比定されている。この神はクロノスがゼウスに追われてイタリアにきて，カピトリウムの丘にローマの前身であるサトゥルニア Sāturnia 市を建設したところからローマの神になったといわれている。ローマでは，12 月 17 日ころからサトゥルナリア Sāturnālia という収穫祭がこの神の収穫を祝う祭りとして，毎年盛大に行われた。

　クロノスとサトゥルヌスという二柱の神の跡を継ぐのが，ゼウス Zeus とユピテル Juppiter, Jūpiter である。このラテン語の Jū- は語源的に Zeus と一致するし，-piter (pater「父」) が添えられたのは，本来は「父なるゼウスよ」(*dyeu pater) という呼びかけの形であったと考えられている。このゼウスの妻ヘラ Hērā は，神話では夫の浮気に激しい嫉妬をあらわにする女神だが，これにたいするローマの女神ユノ Jūnō (June, Juni, juin) は，夫の父と同じサトゥルヌスの娘である。ユノは，ローマでは天界の女王とよばれ，女性の守護神として崇められ，ユピテル，ミネルウァとともにカピトリウムの丘の上に祭られていた。ユノには軍神マルスの誕生について，おもしろい話がある。というのは，女神ミネルウァ (ギリシアのアテネ) が母なしでユピテルの頭から生まれたということで心を痛めたユノは，夫の仕打ちを嘆き，このことをオケアヌス神に訴えようとしたが，苦悩のために倒れてしまった。そこへ花の女神フロラ Flōra (ギリシア Chlōris) がきて，夫に頼らずに母になるには，アカイアのオレヌスというところから送られてき

た一輪の花に触れるとよいと教えられた。その通りにすると，ユノはたちまち子供を授かった。これが軍神マルスだという（オウィディウス「祭暦」V, 229 行以下）。この女神には，monēta「予告の」という呼称がある（キケロ「卜占論」I, 101）。カピトリウムの丘に建てられたこの女神の神殿の近くに，後になって通貨の鋳造所がつくられたので，この monēta が「通貨」に転用され，そして現在の英 money, 独 Münze の源になっている。

つぎに男神としては，ギリシアのヘルメス Hermēs にたいするローマの神はメルクリウス Mercurius である。ヘルメスはギリシア土着の神らしく，ゼウスの子で早熟の才人であった。生まれるやいなやアポロン神の飼っていた牛の群れの一部を盗んだりしたが，のちにはアポロン神から占術を習ったりしている。神々の伝令であり，死者の霊を冥界に導くなど幅広く活躍するこの神がメリクリウスと比定されたのは，ヘルメスが富と幸運をもたらすとして商売や盗み，賭博などの保護者だったからであろう。メルクリウスという形をみると，そのもとにある merx「商品」, mercēs「賃金」，あるいは mercātor「商人」(英 merchant, 仏 marchand) から推して，この神は商売に縁が深かったに違いない。ちなみに，この神の名はフランス語，イタリア語の「水曜日」mercredi, mercoledi (Mercuriī diēs「メルクリウスの日」) として今日まで残っている。カエサル（「ガリア戦記」VI, 17, 2）によると，この神はガリアにおいて，アポロン，マルスをぬいてもっとも崇められていたという。

軍神として知られるギリシアのアレス Arēs はゼウスとヘラの子だが，スパルタではこの神に犬が捧げられたという。これはなにか呪法に関係する神を示唆するものとして，本来はトラキアなど北方で崇拝されていた神であったともいわれている。この神は柄に似合わず愛の女神アプロディテ Aphrodītē（ラテン語 Venus）に恋をしてしまい，その夫であるヘパイストス（ローマではウゥルカヌス）が作ったベッド

にしかけられた魔法の網にかかって捕らえられ，神々の笑いものになったというほほえましい話題の主である。なおこの話のローマ版は，「変身物語」IV, 169 行以下に，太陽神がみたマルスとウェヌスの恋物語として語られているが，この恋で恥をかかされた女神が太陽神に復讐するという後日談も添えられている。ところでこのアレス神にたいするローマの神は先にふれたマルス Mars だが，この神は農耕の神であると同時に，事あるときには農民が従事しなければならなかった戦いと，それらに必要な春の若さの象徴で，3月（英 March, ドイツ März, 仏 mars）の起源になっている。この月は農業のはじまる月であると同時に，戦いの開始という大切な月であり，ローマの市壁の外には軍隊の駐屯するマルスの野があった。この神はまたローマ建国の王として知られるロムルス Rōmulus とレムス Remus の兄弟の父とされている。さきのギリシアのアレスと同じように，マルスもローマ建国の英雄アエネアス Aenēās の母であるウェヌス Venus の愛人であり，夫である。したがって，彼女の子で愛の神として知られるアモル Amor (Cupīdō) は，マルスの神を vītricus「義父」とよんでいる。

　さきにふれたアプロディテの夫のヘパイストス Hēpaistos は，ゼウスとヘラの子であった。クロノスが父ウラノスの男根を鎌で切って海にすてたとき，海に漂う「泡から生まれた」(aphros「泡」) といわれる美しきアプロディテ Aphrodītē の夫としては少し不釣合いな，ひげをはやし足をひきずって歩く男神で，本来は鍛治職と火山の神であった。一説に，ゼウスの妻ヘラが男なしで生んだという伝えがある。ヘパイストスの腕は確かなもので，神々の住むオリンパスの宮殿もこの神の作であった。このギリシア神にたいするローマの神はウゥルカヌス Vulcānus(Volcānus, 英語 volcano, volcanic) で，ユピテルとユノの子である。本来はローマの火の神で，Mulciber「（金属を）和らげる」(mulceō「和らげる」) という添え名をもっている。ロムルスが最初にこの神の神殿を奉献したといわれ，8月23日がその祭日であった。

ギリシアのポセイドン Poseidōn は海の神として知られているが，それは兄弟であるゼウスとともに父であるクロノスから支配権を奪ったのちに，海の支配者となるくじをひきあてたからだといわれている。本来は，この神の形容辞 gaiē-ochos「大地を所有する」，enosi-chthōn「大地をゆさぶる」から推しはかると大地や地震の神だったらしく，また hippios「馬の(神)」という形容詞は馬との関係を示唆している。この海神ポセイドンにたいするローマの神はネプトゥヌス Neptūnus だが，その本来の姿ははっきりしない。ギリシアでもローマでも，この神はいつも巨人キュクロプスからもらったといわれる tridenti-fer「三叉の矛をもっている」。これは嵐や地震も起こすが，海の荒波も鎮める力をもっている。ネプトゥヌスはゆえあってトロイア戦争では大のトロイア嫌いだったが，息子キュクノス Cycnus (Cygnus) が不死身といわれながらアキレウスに打たれて白鳥に変身してしまったことを悲しんで，ゼウスの子であり自分の甥にあたるアポロンを説得し，息子の仇であるアキレウスを目にみえない矢で倒してくれと頼みこむ。叔父さんのこの願いをかなえようとアポロンは戦いの場にくると，パリスがいるので，われらが仇のアキレウスを打てと叫んで，パリスの矢をそちらに誘い，ついにこの英雄も最後を迎えることになる（「変身物語」XII, 580 行以下）。

　ギリシアには早くから文字通り「目にみえない」と解釈されたハデス Ha-idēs (id- < *vid-「みる」) という神がいる。この神もクロノスの子だからゼウスの兄弟だが，オリュンポスではなくて死者のいる黄泉の国の支配者である。もちろん地下には死者が眠っているが，またそこから穀物が芽生え水をあたえてくれるから，この神はそうした富をもつ「富める者」という意味でプルトン Plūtōn ともエウブレウス Eubouleus「よき忠告者」ともよばれている。ローマ人もこの形をそのままにプルト Plūtō という神を崇拝している。この神は別に Dīs ともよばれているが，これも本来は「富者」を表している。このハデスは地下の火

の川や嘆きの川，さらに忘却の川の彼方にいるにもかかわらず，「大地の母」といわれるデメテル Dēmēter（ローマではケレス Cerēs, 穀物と豊穣の女神）の娘ペルセポネ Persephonē（ローマではプロセルピナ Prōserpina）に恋をして，彼女を地下の世界にさらっていってしまい，母が娘を探して各地を放浪して天上に帰らなかったために大地は実らず人間も動物も困っていた。そのためにゼウス（ユピテル）が兄弟であるハデスにこの娘を返すように命じたが，娘は地下でざくろの実を食べてしまったので，冥界の掟によって1年の3分の1は冥界で，あとは天上で神々とともに暮らすようにした。その結果，地上でも四季の恵みが順調にめぐりくるようになったという。一説には，夫ユピテルに娘の返還を頼みながら，いくら夫の弟でも人さらいを婿にはできないというケレスにたいしてユピテルは，お前が同意してくれるのなら，たとえ欠陥はあっても私の弟なのだから婿にしても恥にはならないのだが，と渋っていたらしい（「変身物語」V, 514 行以下）。なお，このペルセポネとプロセルピナというよく似た2つの形には，少しの変形がみられるが，ローマ側が借用したものと推定されている。その際には，地下の世界を「這い進む（蛇）」の意味で prōserpō という動詞との連想が支えになるが，それ以前の仲介役として pherssipnai というエトルリア語の形の存在も仮定されている。

　アテネ（アテナ）Athēnē, Athēnā はゼウスと知恵の女神メティス Mētis の娘で，アクロポリスのみならずこの国の守護神とされているが，その名称からみると本来はこの地の先住民族の神であったらしい。パラス Pallas という別名がある。ホメロスの作品中ではオデュッセウスをはじめ数々の英雄を助ける勇ましい処女神だが，その活躍の範囲は広く，女性に不可欠の織物などの技に加えて医学，音楽の分野でも知られていた。アッティカの地をポセイドンと争い，オリーヴの木を芽生えさせてこれをものにした女神は，グラウコピス glaukōpis

「青く(輝く)眼をもつ」「梟の眼をもつ」という形容辞をもっている。この女神と対になるローマの神はミネルウァ Minerva である。これもイタリアのとくに女性の手工芸に加えて医術の神として，ユピテル，ユノとともにカピトリウムの三神として祭られているが，本来はエトルリアの神 Menerua であったらしい。クィンクァトルス quinquātrūs と表記される少し変わった形の祭りが，3月に「5日間」(実際には19日のみの祭り)この女神のためにとり行われていた。ミネルウァの名は「知恵」を表し，sūs Minervam (docet)「豚がミネルウァに(教える)」(青二才の知ったかぶり，釈迦に説法)のようなことわざもみられる。

　女神アルテミス Artemis はアポロンと双生の兄妹で，ゼウスとレト Lētō (ラテン名ラトナ Lātōna) の子である。ヘラの嫉妬をかって生む場所がなく，その出産はやむなく浮島のデロス「輝く」島でなされたという。アルテミスという名からその正体をうかがうことはできない。アポロンが太陽神であるのにたいして，この女神は月の神とされている。しかしこの若き乙女の狩人は野獣のいる山野を支配し，また一方では誕生や出産の守り神とされている。その名はミュケーナイ文書に，属格 Artemito, 与格 Artemite として登場する。そしてまた小アジアのリュディア語碑文にも artimus として認められる。年代からみるとこれはほぼギリシアの古典期にあたるから，あるいは名前を借用したのか，それとも小アジアの母なる神を表しているのかは明確でない。このアルテミスと対をなすローマの神はディアナ Diāna である。この神の古い形は Dīuiāna という記録があるから，その限りでは deus「神」，dīvus「神の」などと関係のあることは明らかで，本来は夜を昼のように明るくする月の神であったとすれば，それはアルテミスにも通じる。しかし，それだけではこの神の本性はよくわからない。この女神は本来は，山の樹木と人里はなれた谷あいの農民が崇拝する神であったという。その中心は南イタリアのカプア Capua に近いティファタ Tīfāta という山にある神殿と，ローマに近いプラエネステ Praeneste

の南東にあるアリキア Arīcia の神域であった。アリキアでは森の泉の女神エゲリア Ēgeria と森の神ウィルビウス Virbius とともに祭られていた。このウィルビウス（vir-bi-u-「（蘇生して）二度生きた男」）というのは，実は一度は死んだヒッポリュトス Hippolytos がディアナ女神によって救われてこの森に潜んで生きている姿だといわれている。8月の満月の日には，女性たちがローマから松明をかざしてアリキアに参ったという。しかしローマは第6代の王セルウィウス・トゥリウス Servius Tullius が，このアリキアのディアナの神域をローマの南のアウェンティヌス Aventīnus の丘に移した。

　アポロン Apollōn,（ラテン語 Apollō, 属格 Apollinis）はアルテミスの双生の兄妹だが，この神にはローマに対となる神がいない。元来は，ポイボス Phoibos「輝く」という形容辞の通り太陽神のような存在であったのだろうが，活躍の場は非常に広い。その矢は hekē-bolos「的中する」といわれ，イリアスの冒頭から自分の神官の娘を奪ったギリシアの大将アガメムノンを呪ってその陣営に疫病を送り込むなど，怒れば恐ろしい力をもつ神である。世界のへそといわれたデルポイ Delphoi にきて蛇殺しによってその地の神託を自分のものにした。この予言のほかにも音楽，医術，弓術など，知的な文化のすべてを司る神となった。もちろん詩人には霊感をあたえる神だから崇拝の対象となった。オウィディウス自身も ego Mūsārum pūrus Phoebīque sacerdōs「私は詩の女神たちとアポロンの穢れなき司祭」（「恋の歌」III, 8, 23）と歌っている。したがってその姿には美しい青年が予想されるから，いろいろな恋物語が伝えられている。ダプネ Daphnē はこの神の恋を逃れるために月桂樹に変身したので，この木がアポロンを象徴する木になった。美しい少年ヒュアキントス Hyakinthos は，彼を愛する神の投げた円盤に当たって死んだが，その血からヒヤシンスの花が咲き，さらにその花弁には AI AI という嘆きの言葉がしるされていたという（「変身物語」X, 215 行以下）。

この神がローマにおいてどれほど尊ばれていたかを示す一例として，スエトニウスが伝えるアウグストゥスの出生の秘密がある（「皇帝伝」94）。この皇帝の母はアポロンの祭りの奉仕のためにその神殿にきて他の婦人たちと寝ていると，彼女がまどろむや大蛇が不意に彼女の中にはいり，しばらくして出て行った。起きて身を清めると大蛇のようなあざが体の表面に現れて消えなかった。そして 10 か月たって，アウグストゥスが誕生，彼はアポロンの息子とみなされたという。また母は分娩の前に，自分の腸が天上の星まで運ばれ，ほどけて伸びて全天地をぐるりと回る夢をみた。そして，父もまた母の子宮から太陽の光が立ち上る夢をみた。このほかアウグストゥスが幼いころ，いろいろと不思議なことが起こっている。これらは皇帝が生身のアポロンとみなされたいという願いの表れだろう。スエトニウス（「皇帝伝」31）によると，皇帝は怪しげな著者によるギリシア語，ラテン語の予言書のすべて 2 千種以上を世界中から回収して焼却し，ただアポロン神の予言を司るシビュラ Sibylla の巫女の書のみを残した。しかもこれも厳密に吟味して 2 つの金箔の函に収め，パラティウムのアポロンの像の台座の下に保管した。

　このシビュラの司る予言集は，イタリアにおけるギリシア最古の植民市として有名なナポリ湾の北のクマエ Cūmae の町にはじめてもたらされたが，おそらくそれ以前，エトルリアが優勢であったころからアポロン神の信仰がこの町に根づいていたのだろう。ウェルギリウスの「アエネイス」Aenēis の 6 巻でも，トロイアの英雄アイネアス Aenēās はシキリア島からこのクマエに漂着，亡父アンキセス Anchīsēs の夢の中の予言に従い，シビュラを探して，きたるべきラティウムの戦いについての予言を聞き，ともに地下の死者の国に降りていく。シビュラはその洞窟の前で「予言を聞く時，神が神がそこに」と叫んで，アエネアスを導いていく。この巫女はあるときは狂乱の状態になるが，平常の生活もあるに違いない。彼女が冥界からの帰り道に英雄に

語ったところによると，私は神ではなくて人間の身でアポロンに愛されたという。そこでこの神にこの乙女を捧げていたら，永遠の生命を与えられていたはずだが，神は私を贈り物で手に入れようと望んで，クマエの乙女よ，お前が望むものを選べ，その望みはきっとかなえられよう，といった。そこで彼女は高く積まれた砂の山を示して，この砂粒と同じだけの年月の命がほしい，と神に願った。しかしその間ずっと若さを保持できるようにと頼むことを忘れてしまったという。神は彼女が愛をうけいれるならば，その間永遠の若さを乙女に与えるつもりだった。ところがシビュラはアポロンのこの贈り物を無視して未婚のままでいる。そしてもはや楽しいほうの時期は去り，弱々しい老年期が足取りも震えながらやってきている。そして，これをずっと耐えていかなければならない。というのは，私は700年生きているのだが，それでも砂粒と同じだけの年数を生きるには，これから穀物やぶどうの収穫を300回見なければならない。そうなったら私は変わり果てて，アポロン神も気づかないし，私であると知れるのはただその声だけ，運命が声だけを残すでしょう，と（「変身物語」XIV, 130行以下）。ちなみに，これと似た神と人との恋の悲劇はギリシアにも知られている。暁の女神エオス Ēōs（ローマ名アウロラ Aurōra）はトロイアの王子で美しいティトノス Tīthōnos（ラテン語 Tīthōnus）に恋をして2人の子までなしたが，女神はゼウス（ユピテル）に夫の永遠の命とともに永遠の若さを願うことを忘れてしまう。そのため，ティトノスは老齢にうちひしがれてしまった。そこで女神は夫を奥の部屋にかくして，輝く扉を閉じたので，あとには声だけが残っていた。そのため，ついには蝉に変えられてしまったという（「ホメロス賛歌」V, 219行以下）。オウィディウスはこの女神の仕打ちを，「天界にもあなたほど不名誉な女性はいないだろうに」となじっている（「恋の歌」I, 13, 36行）。神と人との永遠の溝というべきだろうか。

読書案内

　オウィディウス関連の文献はあまりにも多いが，ここでは日本語と英語を中心に，簡単に読むことができるものの中からいくつかを選んで紹介する。
　はじめに，本書でとりあげた作品の日本語訳をあげておこう。これらには，原詩のテキスト，内外の研究書，翻訳書が詳しく紹介されている。

『悲しみの歌／黒海からの手紙』木村健治訳（西洋古典叢書，京都大学学術出版会，1998）
『恋の歌　ローマ恋愛詩人集』440 ページ以下，中山恒夫訳（アウロラ叢書，国文社，1985）

　海外の訳注書のうち，比較的手軽に見られるものに以下の2書がある。

Ovid: The erotic poems, translated with an introduction and noted by Peter Green (Penguin Books, 1982)
Ovid: The poems of exile, tristia and the black sea letters with a new foreword, translated with an introduction by Peter Green (University of California Press, 2005)

　オウィディウスの注釈つき読本としては次の書がある。ただし，テキストはもっぱら「変身物語」に集中しているので，本書と重複するところはない。

P. Jones, *Reading Ovid, stories from Metamorphoses* (Cambridge University Press, 2007)

オウィディウスとさまざまな分野のつながりを論じた論文集として以下の書がある.

The Cambridge Companion to Ovid, edited by Philip Hardie (Cambridge University Press, 2002)
久保正彰『Ovidiana ギリシア・ローマ神話の周辺』(青土社, 1978)

後者は,「変身物語」を中心にこの詩人の世界の広がりをギリシア以来の伝承を踏まえて論じた 12 編からなるエッセイ風の論文集.
その他の参考図書として, 次の書をあげておこう.

L.Adkins and R.A. Adkins, *Handbook to Life in Ancient Rome* (Oxford University Press, 1994)
H.Koller, *Orbis Pictus Latinus* (Artemis Verlag, 1976)

なお, オウィディウスにつながるそれ以前のローマ詩人を広く知るためには, 次の書を参照するとよい.

水野有庸『古典ラテン詩の精 本邦からのラテン語叙情詩集』(近代文芸社, 1994)
中山恒夫『ローマ恋愛詩人の詩論 カトゥルルスとプロペルティウスを中心に』(東海大学出版会, 1995)
本村僚二編著『ラテン語碑文で楽しむ古代ローマ』(研究社, 2011)
逸見喜一郎『ラテン文学を読む ウェルギリウスとホラーティウス』(岩波書店, 2011)

─────『ギリシャ神話は名画でわかる　なぜ神々は好色になったのか』(NHK 出版新書，2013)

ラテン語の詩の規則，詩型の説明とその読本には，次の書がある。

中山恒夫『古典ラテン語文典』(白水社，2007)〔391–406 ページに韻律の詳しい説明がある〕
国原吉之助『ラテン詩への誘い』(大学書林，2009)

　古代ローマ人を含めて，印欧語の人名の構成を広く論じたものとして，以下の書がある。

F.Solmsen, *Indogermanische Eigennamen als Spiegel der Kulturgeschichte*, herausgegeben und bearbeotet von E.Fraenkel (Carl Winter, 1922)

語彙集

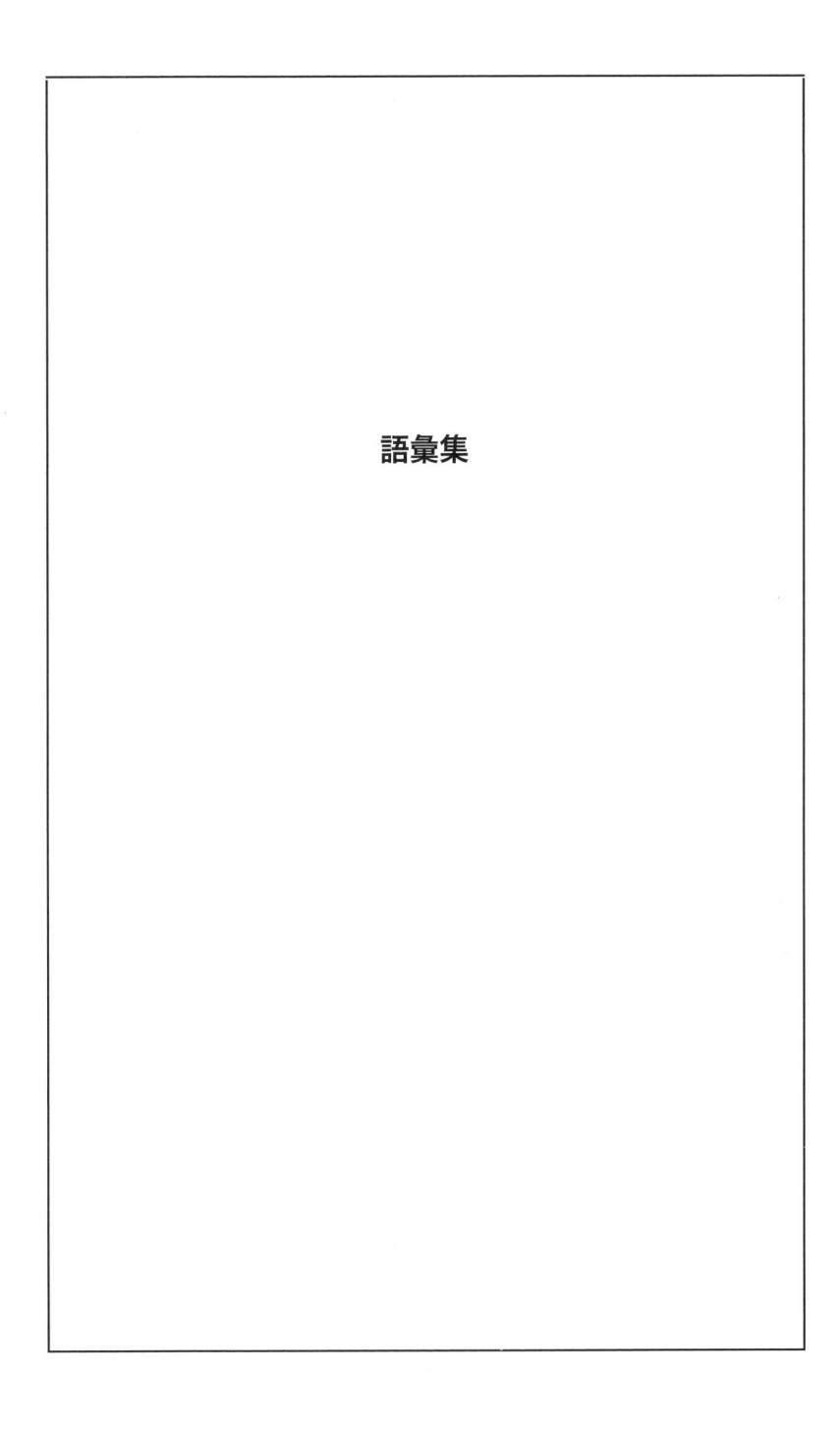

［凡 例］

　語形変化をする語のそれぞれの変化形についての情報は，つぎのように示してある。

①名詞
　見出しは単数・主格形で，そのあとに属格語尾をおいた。
　［例］**acies** -ei ⇒ acies（見出し語＝単数・主格形），aciei（単数・属格形）

②形容詞
（1）見出しは単数・主格・男性形で，そのあとに同・女性形語尾，同・中性形語尾をこの順においた。［例］**aptus** -a -um ⇒ aptus（見出し語＝男性・単数形），apta（女性・単数形），aptum（中性・単数形）
（2）男性形，女性形。中性形が同形の場合は，見出し語（男性形）のあとに属格形語尾をおいた。［例］**dives** -vitis ⇒ dives（見出し語＝男性・女性・中性単数形），divitis（単数・属格形）

③動詞
　見出しは直説法現在・1人称・単数形で，そのあとに不定法現在形，直説法完了・1人称・単数形，分詞形をこの順においた。
（1）［例］**cado** -ere cecidi casum ⇒ cado（見出し語＝直説法現在・1人称・単数形），cadere（不定法現在形），cecidi（直説法完了・1人称・単数形），casum（受動分詞形）
（2）［例］**utor** uti usus sum ⇒ utor（見出し語＝直説法現在・1人称・単数形），uti（不定法現在形），usus sum（直説法完了・1人称・単数形, usus は受動分詞）
（3）［例］**accipio** -pere -cepi -ceptum ⇒ accipio（見出し語＝直説法現在・1人称・単数形），accipere（不定法現在形），accepi（直説法完了・1人称・単数形），acceptum（完了分詞形）

A

ā（間投）ああ
ab, abs, ā（前置，奪格）～から，～より
abdūcō -ere -dūxī -ductum 連れ去る
abeō -īre -iī -itum 去る，出発する
abrumpō -ere -rūpī -ruptum 引きちぎる
abstulī（完了）< auferō
absum abesse āfuī 離れている，不在である，欠けている
absūmō -ere -sumpsī -sumptum 消費する，浪費する
accēdō -ere -cessī -cessum 近づく（与格，対格），参加する，取り組む
accendō -ere -cendī -censum 火をつける，燃やす，刺激する
accipiō -pere -cēpī -ceptum 受け取る，聴く，理解する
ācer ācris ācre 強い，激しい
Achillēs -is（男）アキレス（ギリシアの英雄アキレウス）
Achīvus -a -um アカイアの，ギリシア人の
aciēs -ēī（女）戦列，軍隊
ad（前置，対格）～のほうへ，～近くに
adamās -antis（男）鋼鉄，ダイヤモンド
adaperiō -īre -peruī -pertum 開ける
addō -ere -dedī -ditum 添える，付け加える
adeō（副）それほどに，その上
adeptus -a -um < adipiscor
adfectō (affectō) -āre -āvī -ātum 熱望する
adiciō (-jiciō) -icere -jēcī -jectum 付け加える，ふやす
adimō -ere -ēmī -emptum 取り去る，奪う
adipiscor -ipiscī -adeptus sum 追いつく，手に入れる，獲得する
adjungō -ere -junxī -junctum つなぐ
adloquor (alloquor) -quī -locūtus sum 話しかける
admoneō -ēre -monuī -monitum 気づかせる，忠告する
admoveō -ēre -mōvī -mōtum 近づける，寄せる，向ける，ひきいれる
adōrō -āre -āvī -ātum 話しかける，祈願する
adsiduē（副）常に
adspiciō (aspiciō) -cere -spexī -spectum 見る，注視する
adsternō (asternō) -ere -adstrāvī astrātum 上にまきちらす，（受動）長々と横たわる
adstrātus -a -um < adsternō
adstringō (astringō) -ere -strinxī -strictum 強く引き締める，固くし

ばる
adulter -erī（男）姦夫
adversus -a -um 〜に向いた，向かい合った
Aeaea -ae（女）アエアエア（魔女キルケがいる島）
Aeaeus -a -um アエアエアの
aegrē（副）骨折って，苦労して
Aegyptius -a -um エジプトの
aelinos -ī（男）哀歌，挽歌
Aenēās -ae（男）アエネアス（トロイアの勇士，ローマの建設者）
aequō -āre -āvī -ātum 等しくする，比較する，等しい
aequor -oris（中）海
aes aeris（中）青銅，銅
Aesōn -onis（男）アエソン（イアソンの父）
Aesonidēs -ae（男）アエソンの子孫（イアソン）
aestus -ūs（男）暑さ
aetās -ātis（女）生涯，世代，年齢
aeternum -ī（中）永遠
aevum -ī（中）生涯，世代，年齢，時代
Agēnōr -oris（男）アゲノル（チュルスの王，ディドの先祖）
ager -grī（男）耕地，（個人の）所有地
agnōscō -ere agnōvī agnitum 見分ける，気づく
agō -ere ēgī actum 導く，連れ去る，駆り立てる，行う，述べる
āla -ae（女）翼
albus -a -um 白い
Alcīdēs -ae（男）アルケウスの子孫（とくに孫のヘルクレス）
āles -itis（男，女）鳥
aliquis -qua -quid（代名）誰か，なにか，あるもの
aliter（副）他の方法で，異なって
alligō -āre -āvī -ātum 結びつける，つなぐ，留める
alō -ere aluī alitum 育てる，飼育する
alter -era -erum 2つのうちの一方の，他方の，もう1つの
altum -ī（中）深み，深海
altus -a -um 高い，深い
ambiguus -a -um 動揺している，当てにならない，あいまいな
ambitiō -ōnis（女）野心
ambō -ae -ō 両方の
āmens -entis 正気でない，狂った
amnis -is（男）流れ，急流
amō -āre -āvī -ātum 愛する，好む
amor -ōris（男）愛，愛情，恋愛の神（クピド）
amplector -plectī -plexus sum 抱きしめる
amplexus -ūs（男）抱擁
amplius（副）より多く，より長く，

さらに
an (小辞) 〜かあるいは (それとも)
angulus -ī (男) 角, 隅
angustus -a -um 狭い, 窮屈な
animus -ī (男) 心, 生命
annus -ī (男) 年, 年月
ante (副) 前に, 以前に (前置) 〜の前方に, 〜より前に (対格)
antiquus -a -um 古い
ānulus -ī (男) 指輪
anxietās -ātis (女) 不安, 心配
Āonia -ae (女) アオニア (ヘリコン山をふくむボエオティアの地域)
Āonius -a -um アオニアの
aper aprī (男) イノシシ
apertus -a -um 開かれた, むきだしの
appōnō (adpōnō) -ere -posuī -positum 置く, 添える
aptus -a -um 適合した, ぴったり合った
aqua -ae (女) 水, 海
arātrum -ī (中) 犂
arcānus -a -um 秘密の
Arctos -ī (女) 大熊座
arcus -ūs (男) 弓
ardeō -ēre arsī arsum 燃える, 焼ける
ardor -ōris (男) 火, 炎
argentum -ī (中) 銀
arma -ōrum (中, 複数) 武器, 器具

armentum -ī (中) 家畜, 家畜の群れ
armifer -fera -ferum 武器をもった
arō -āre -āvī -ātum 鋤く, 耕す, しわをよせる
ars artis (女) 術, 技, 技術, 仕事, 学問
articulus -ī (男) 指
artus -ūs (男) 関節, 身体, 肢体 (複数)
arvum -ī (中) 耕地, 平野, 地域
arx arcis (女) 城砦
asper -era -erum 粗野な
aspergō -ere -spersī -spersum 混ぜ合わせる, 添える
aspiciō -ere -spexī -spectum 見る, じっと見つめる
assiduus -a -um 絶え間ない
assuescō -ere -suēvī -suētum 慣らす, 慣れる (自動)
assum (adsum) -esse -fuī そこにある, 現れる, あたっている
at (接続) しかし, それに対して
attamen (接続) しかしながら, それにもかかわらず
auctor -ōris (男) 証人, 作者, 提唱者
audeō -ēre ausus sum 〜する気がある, あえてする
auferō -ferre abstulī ablātum 持ち去る, 獲得する
augeō -ēre auxī auctum ふやす

aura -ae（女）風, 微風
aurātus -a -um 金の
aureus -a -um 金の, 黄金に輝く
auris -is（女）耳
aurum -ī（中）金
Ausonia -ae（女）アウソニア（イタリア）
Ausonius -a -um アウソニアの（イタリアの, ローマの）
auxilium -ī（中）援助
avārus -a -um 貪欲な
āvellō -ere -vellī -vulsum 引き離す
Avernus -ī（男）冥府, 下界
āvertō -ere -vertī -versum そらす, 転ずる
avidus -a -um 貪欲な
avis -is（女）鳥
avus -ī（男）祖父
axis -is（男）車軸, 地帯, 極

B

Bacchus -ī（男）バックス（バッカス, バッコス。ギリシアの酒神ディオニュソス）
barba -ae（女）ひげ, あごひげ
barbaria -ae（女）野蛮
Bassus -ī（男）バッスス（詩人）
bene（副）適切に, 好意的に, 十分に, まったく
bis（副）2度, 2回

blanditia -ae（女）甘言, 媚び
blandus -a -um 好ましい, やさしい
Boreus -a -um 北の
bōs bovis（男, 女）牛
brāchium, bracchium -ī（中）腕
brevis -is -e 短い, 小さい, 狭い
bustum -ī（中）火葬用の薪の山, 墓, 灰

C

cadō -ere cecidī cāsum 落ちる, 沈む, 倒れる
caelestis -is -e 天の, 空の, 神の
caelum -ī（中）空, 天, 空気
Caesar -aris（男）カエサル, 皇帝
callidus -a -um 巧みな, 抜け目のない
Calvus -ī（男）カルウス（詩人）
Campus -ī（男）マルスの原
candidus -a -um 真っ白い, 純真な
cānī -ōrum（男, 複数）白髪
canis -is（男, 女）犬
cānitiēs -ēī（女）白, 白髪
canō -ere cecinī cantum 歌う
cantō -āre -āvī -ātum 歌う
capillus -ī（男）毛, 毛髪
capiō -ere cēpī captum とる, つかむ, 襲う
Capitōlium -ī（中）カピトリウム（ローマの7つの丘の1つ）

captīvus -a -um 捕虜にされた
caput -pitis（中）頭
carcer -eris（男）(競争路の) 出発点
careō -ēre -ruī -ritum 〜がない，かけている，遠ざかる
carīna -ae（女）船
carmen -minis（中）歌，曲，詩
Carpathius -a -um カルパトゥス島の
carpō -ere -psī -ptum 摘む，享受する，楽しむ
cārus -a -um 高価な，大切な，いとしい
casa -ae（女）小屋
castīgātus -a -um 引き締まった
castra -ōrum（中，複数）陣営
cāsus -ūs（男）没落，不運
Catullus -ī（男）カトゥルス（詩人）
causa -ae（女）理由，原因
cavus -a -um 空洞の，くぼんだ
cēdō -ere cessī cessum 去る，譲歩する
celebrō -āre -āvī -ātum ひんぱんに訪れる，祝賀する，住む
cēlō -āre -āvī -ātum 隠す
cēnseō -ēre -suī -sum 評価する
census -ūs（男）（課税，徴兵のための) 戸口調査，登録された財産，財産，身分の査定
centum （数）100（の）

cēra -ae（女）蜜蝋（ろう），蝋
cernō -ere crēvī crētum 識別する，見分ける
certāmen -minis（中）競技
certus -a -um 決心した，決まった，確実な
cessō -āre -āvī -ātum ためらう，やめる，活動しない，止まっている
cēterus -a -um その他の，残りの
ceu （副，接続）ちょうど〜のように，あたかも〜のように
cicātrix -īcis（女）傷跡
cingō -ere cinxī cinctum（帯などを）巻く
cinis -neris（男）灰
circumsonō -āre -sonuī 鳴り響かせる
circus -ī（男）円形劇場
clāmō -āre -āvī -ātum 叫ぶ
clāmor -ōris（男）叫び
clārus -a -um 明瞭な，明るい，高名な
claudō -ere clausī clausum 閉じる
clāvus -ī（男）紫の縞
clēmentia -ae（女）慈悲深さ，やさしさ
clipeus -ī（男），**clipeum** -ī（中）青銅の円盾
coepiō -ere -epī -eptum 始まる（自），始める（他）

cognātus -a -um 血縁関係のある，親族
cōgō -ere coēgī coactum 強いる
collum -ī（中）首
colō -ere coluī cultus 耕す，世話する，尊重する，敬愛する，育てる
columba -ae（女）鳩
coma -ae（女）頭髪
comes -mitis（男，女）仲間，供(とも)
commodus -a -um 適切な，便利な，役に立つ，ぴったり合った
complector -tī -plexus sum 抱きしめる
compleō -ēre -plēvī -plētum 満たす，果たす，達する，終える
complōrō -āre -āvī -ātum 大声で嘆き悲しむ
concinō -ere -cinuī -centum 一緒に歌う
concipiō -pere -cēpī -ceptum 考える，思いつく
concutiō -tere -cussī -cussum 揺り動かす，かき乱す
condō -ere -didī -ditum 保存する，かくす
confīdō -ere -fīsus sum 信頼する（与格，奪格）
confiteor -ēvī -fessus sum 認める，自白する
confodiō -ere -fōdī -fossum 突き刺す
confundō -ere -fūdī -fūsum 混ぜ合わせる，混乱させる
conjunx -jugis（男，女）配偶者，妻
conloquium (colloquium) -ī（中）会話
consenescō -ere -senuī ともに老いる，衰える
consimilis -is -e 類似した
conspicuus -a -um はっきりみえる
contentus -a -um 満足した
contineō -ēre -tinuī -tentum つなぐ，ふくむ，抑制する
contingō -ere -tigī -tactum ふれる，さわる，達する，とどく
continuus -a -um 連続した，つながった
contrā（副）それに対して，逆に
contrahō -ere -traxī -tractum 縮める，引き起こす
contrārium -ī（中）反対側
contundō -ere -tudī -tūsum 傷を負わせる
convalescō -ere -valuī 強くなる，回復する
conveniō -īre -vēnī -ventum 適合する，ふさわしい
convictus -ūs（男）親交
cor cordis（中）心臓
Corinna -ae（女）コリンナ（オウィ

ディウスの愛した女性，仮称)

corpus corporis (中) 身体

corrumpō -ere -rūpī -ruptum 損なう，堕落させる

crēdibilis -is -e 信用できる，信頼される

crēdō -ere -didī -ditum 信用する (与格)，信ずる，考える

cremō -āre -āvī -ātum 焼く

creō -āre -āvī -ātum 産む，つくりだす

crepusculum -ī (中) 薄明，たそがれ

crēscō -ere crēvī crētum 大きくなる，勢力をます

crīmen -minis (中) 告発，犯罪

crīnis -is (男) 髪

crūdēliter (副) 残酷に

crūdus -a -um 残酷な

cruentus -a -um 血まみれの，血に染まった

culpa -ae (女) 過失，罪

cultus -a -um きちんとした，洗練された，優雅な

cum (前置) 〜と一緒に，〜と同時に，〜をもって (奪格)

cum (接続) 〜のときに，〜だから，たとえ〜であっても，〜にもかかわらず，〜したときに

cunctus -a -um 全部の，全体の

Cupīdineus -a -um クピドの，愛らしい

Cupīdō -dinis (男) クピド (恋愛の神)

cupiō -pere cupīvī cupitum 切望する

cūra -ae (女) 配慮，世話，保護，心配，世話の対象，愛する人

cūria -ae (女) 元老院

cūrō -āre -āvī -ātum 配慮する，治療する

currus -ūs (男) 馬車，乗り物

cursus -ūs (男) 競争

curvus -a -um 曲がった

cuspis -pidis (女) 槍

custōs -ōdis (男) 見張り人，看守

cycnēus -a -um 白鳥の

D

damnum -ī (中) 損失，損害

dēbeō -ēre dēbuī dēbitum 負債がある，義務がある，ねばならない，恩義がある

dēbilitō -āre -āvī -ātum 無力にする，弱める

decem (数) 10 (の)

deceō -ēre decuī ふさわしい

deciens deciēs (副) 10 回，10 倍

dēcipiō -pere -cēpī, -ceptum あざむく，だます，気づかれない

dēdecor -oris 不名誉な，恥ずべき

dēdō -ere -didī -ditum 引き渡す，ゆ

だねる，降伏する
dēdūcō -ere -duxī -ductum 引きおろす，（部隊を）移動させる
dēfendō -ere -fendī -fensum 防ぐ，保護する
dēficiō -ere -fēcī -fectum なくなる，消える，死ぬ
dēfugiō -gere -fūgī 逃げる，避ける
dēfungor -ī -functus sum 終える，果たす（奪格）
Dēlia -ae（女）デリア（ティブルスの恋人）
dēlictum -ī（中）違反，過失
Delphī -ōrum（男，複数）デルピイ（デルポイ）
dēmens -mentis 正気のない，狂った
dēmittō -ere -mīsī -missum おろす，下げる
dēmō -ere dempsī demptum 取り去る
dēnique （副）最後に，ついに
dens dentis（男）歯
densus -a -um ぎっしりつまった，密な
dēplōrō -āre -āvī -ātum 嘆く，嘆き悲しむ
dēpōnō -ere -posuī -positum 下に置く，はずす，やめる
dēprecor -ārī -ātus sum ～ないように祈る

dēripiō -pere -ripuī -reptum はぎ取る
dēscendō -ere -scendī -scensum 下る，降りる，沈む
dēsertus -a -um 見捨てられた
dēsidiōsus -a -um 怠惰な，無為の
dēspērō -āre -āvī -ātum 見込みなしとあきらめる
destituō -ere -stituī -stitūtum 別にしておく，見捨てる，置き去りにする
dēsum -esse -fuī 欠けている
dēterior -ior -ius より低い，より好ましくない，より弱い
dētrectō(dētractō) -āre -āvī -ātum 拒絶する，みくびる
deus -ī（男）神
dīcō -ere dīxī dictum 示す，いう
dictum -ī（中）いわれたこと
diēs -ēī（男）日
dīgerō -ere -gessī -gestum 分ける，分割する，割り当てる
digitus -ī（男）指
dignus -a -um ふさわしい，
dīlaniō -āre -āvī -ātum ずたずたに裂く
dīligō -ere -lexī -lectum 重んずる，愛する
discēdō -ere -cessī -cessum 立ち去る，離れる

discō -ere didicī 学ぶ，習う
discors -cordis 不一致の，不和の
dissolvō -ere -solvī -solūtum 解体する
distō -āre はなれている，異なる
dīversus -a -um 遠隔の，へだたっている
dīves -vitis 金持ちの
dīvidō -ere -vīsī -vīsum 切り離す，分割する
dīviduus -a -um 分けられた
dīvīnō -āre -āvī -ātum 予知する
dō dare dedī datum 与える
doceō -ere -cuī -ctum 教える
doctus -a -um 博学な
Dōdōna -ae（女）ドドナ（ユピテルの神託所で知られる）
doleō -ēre doluī dolitum 嘆き悲しむ，苦しむ，痛む
dolor -ōris（男）苦痛，悲嘆
dolus -ī（男）あざむき，たくらみ
domina -ae（女）女主人，妻，婦人
dominor -ārī -ātus sum 支配する，征服する
dominus -ī（男）家長，主人
domus -ūs（女）家。住居
dōnō -āre -āvī -ātum 与える，贈る（対格，奪格）
dōnum -ī（男）贈り物
dōs dōtis（女）才能，天賦の魅力，すぐれた特質
dubius -a -um 疑っている，はっきりしない
dūcō -ere duxī ductum 引く，導く，（空気）吸い込む，すごす，費やす
dulcis -is -e 甘い，快い，いとしい
dum（接続）〜する間に，〜まで
dummodo（接続）もし〜でありさえすれば，〜する限りは
duo -ae -a（数）2（の），両方（の）
dūrō -āre -āvī -ātum 耐える，持ちこたえる，生き残る
dūrus -a -um 過酷な，無情な，困難な，堅い

E

ecce（間投）ほら，みよ
ēdiscō -ere -didicī 暗記する
ēdō -ere -didī -ditum 出す，生む
effugiō -ere -fūgī 逃げる，逃れる，避ける
effundō -ere -fūdī -fūsum こぼす，放つ
egŏ（代名）わたし
ēgredior -dī -gressus sum 出てくる，出て行く，去る
ēlābor -bī -lapsus sum 滑り落ちる
Elegeia, Elegīa -ae（女）エレゲイア体の詩
ēloquium -ī（中）雄弁

Ēlysius -a -um エリュシウム（死後の極楽）の

ēmendō -āre -āvī -ātum 誤りを正す，改善する，つぐなう

ēmereō -ēre -meruī -meritum （功労によって）獲得する，勤め上げる，尊敬をうる

ēmeritus -a -um 勤め終えた

ēn （間投）みよ，ほら，さあ

ensis -is （男）剣

eō īre iī itum 行く，来る

epistula -ae （女）手紙

eques equitis （男）騎士階級の市民

equus -ī （男）馬

ēreptus -a -um < ēripiō

ergō （接続）したがって，それゆえ

ēripiō -pere -ripuī -reptum 奪い取る，引きちぎる

error -ōris （男）放浪，動揺，過ち，迷い

ēruō -ere -ruī -rutum かき乱す，掘り出す

Eryx -ycis （男）エリュクス（シチリアの町）

esse （不定）< sum

et （接続）そして，〜と

etenim （接続）というのも

etiamnunc （副）今もなお

Euxīnus -ī （男）黒海

Euxīnus -a -um 黒海の

ēvertō -ere -vertī -versum 倒す，ひっくり返す

exaequō -āre -āvī -ātum 等しくする，〜に匹敵する

exaudiō -īre -īvī -ītum 聞き届ける

excipiō -ere -cēpī -ceptum 受けとめる

excolō -ere -coluī -cultum 鍛える，磨く

exemplum -ī （男）例

exeō -īre -iī -itum 出る，出て行く

exigō -ere -ēgī -actum 終える，（時を）すごす

exilium, exsilium -ī （中）追放，流刑

exitium -ī （中）破壊，破滅

exonerō -āre -āvī -ātum 荷をおろす，取り除く

exorior -īrī -ortus sum 昇る，現れる，起こる

experiens -entis 勤勉な，意欲的な

expōnō -ere posuī -positum 持ち出す，さらす，遺棄する

exsequiae, exequiae -ārum （女，複数）葬儀，葬列

exstinctus, extinctus (exstinguō) -a -um 死んだ，消えた

exstruō -ere -struxī -structum (extructum) 積み上げる，建てる

extrēmum （副）ついに，最後に

extrēmus -a -um 最も遠い，末端の

F

fābula -ae（女）談話，話，うわさ，非難
faciēs -ēī（女）外観，様相
facio -ere fēcī factum する，行う，作る，引き起こす（自動）役立つ，適している
fallax -ācis 人を欺く，にせの
fallō -ere fefellī falsum 迷わせる，だます，欺く
falsus -a -um 誤った，間違った
fāma -ae（女）うわさ，言い伝え，伝承，評判
famōsus -a -um 有名な
famulus -ī（男）奴隷
fās（中，不変化）神の掟，正しいこと
fassus -a -um < fateor
fateor -ērī fassus sum（真実と）認める，告白する，示す
fātum -ī（中）神意，運命
favor -ōris（男）好意
fax facis（女）たいまつ
fēcundus -a -um 多産の
fēlix -īcis 実り豊かな，幸運な
fēmina -ae（女）女，女性
femur -meris（中）腿
fenestra -ae（女）窓
fera -ae（女）野獣
ferē（副）ほとんど，ほぼ
feriō -īre 打つ，たたく，奏でる
ferō ferre tulī lātum 運ぶ，耐える，支える
ferreus -a um 鉄の
ferrum -ī（中）鉄
ferus -a -um 野生の，荒々しい，残酷な
fervidus -a -um 熱い
fessus -a -um 疲れ果てた，弱った
festīnō -āre -āvī -ātum 急ぐ
festum -ī（中）祝祭，祝日
fidēs -eī（女）信頼，信義，忠誠，忠実，誠意
fīdus -a -um 信頼できる，忠実な
fierī < fīō
fīgō -ere fixī fixum 突き刺す，刺し貫く
fīlia -ae（女）娘
fīnis -is（男）境界，限度，終わり
fīnitimus -a -um 隣接した，近隣の
fīō fierī factus sum（faciō 受動）なる，起こる，なされる，生れる，認められる
firmus -a -um 強固な，強い，健康な，信頼できる
flamma -ae（女）炎，火
flēbilis -is -e 哀しんでいる，泣きぬれた
fleō -ēre flēvī flētum 泣く，嘆く
focus -ī（男）炉，祭壇

foedō -āre -āvī -um 汚くする，損なう

fons fontis（男）泉，湧き水

foret = esset < sum

foris -is（女）扉，門，戸

forma -ae（女）形，姿

formōsus -a -um 美しい

forsitan (forsan)（副）ことによると，ひょっとして

fortasse（副）ひょっとすると，おそらくは

fortis -is -e 強い，勇敢な

fortiter（副）勇敢に，潔く

fortūna -ae（女）運，運命，幸福，不幸

forum -ī（中）フォルム，公共広場，法廷

foveō -ēre fōvī fōtum 温める，愛撫する，味方する

fragilis -is -e もろい，弱弱しい

frangō -ere frēgī fractum 粉砕する，こわす

frāter -tris（男）兄弟

frāternus -a -um 兄弟の，親しい

frēnum -ī（中）馬ろく，手綱，くつわ

fretum -ī（中）海

fruor -ī fructus sum 利用する，享受する，楽しむ

frustrā（副）むなしく，誤って

frux -ūgis（女）果実，成果，収穫

fuga -ae（女）逃走，追放

fugax -ācis 逃げようとする，はかない，避けている（属格）

fugiō -gere fūgī 逃げる，消える，去る，追放される，避ける

furor -ōris（男）狂気

furtīvus -a -um 秘密の，ひそかな

futūrum -ī（中）未来

G

galea -ae（女）（革の）かぶと

Gallus -ī（男）ガルス（詩人）

Gangētis -idis ガンジス川の

gaudium -ī（中）喜び，楽しみ

gelidus -a -um 氷の，氷のような，冷たい

geminō -āre -āvī -ātum 倍にする

gemitus -ūs（男）嘆息，うめき

gemma -ae（女）宝石，印章つきの指輪

gemō -ere gemuī gemitum うめく，嘆息する，嘆く

gena -ae（女）ほお

genitor -ōris（男）父親

gerō -ere gessī gestum もつ，示す，生み出す，管理する，行う

Getae -ārum（男，複数）ゲタエ（トラキアの一部族）

Geticus -a -um ゲタエ族の，トラキアの

gignō -ere genuī genitum 産む,生まれる(受動)
glōria -ae(女)名誉,誉れ
gracilis -is -e 細い,ほっそりした
gradus -ūs(男)歩み,段階
grāmen -minis(中)草
grandis -is -e 大きな,成長した,はなはだしい
grātēs -ium(女,複数)(神への)感謝
grātia -ae(女)美しさ,好意,感謝
grātus -a -um 好ましい,ありがたい
gravis -is -e 重い,めんどうな,深刻な,重大な,きびしい
gravō -āre -āvī -ātum 重くする,荷を負わせる
gutta -ae(女)したたり,しずく

H

habeō -ēre habuī habitum もつ
habitō -āre -āvī -tum 住む,とどまる
Haemonia -ae(女)ハエモニア(テッサリア)
Haemonius -a -um ハエモニアの
haereō -ēre haesī haesum 付着している,くっついている
hāmātus -a -um かぎのついた,とげのついた
haud(副)まったく〜でない
hedera -ae(女)きづた

Helicōn -ōnis(男)ヘリコン(アポロンとムーサの聖山)
herba -ae(女)茎,葉,草
hērēs -ēdis(男)相続人,継承者
hērōs -ōis(男)英雄
hērōus -ī(男)英雄詩格,英雄叙事詩
heu(間投)ああ,悲しいかな
hic, haec, hoc(代名)この,ここの,今の;これ,この人
hīc(副)ここに,この場所で,このときに
hirtus (hirsūtus) -a -um 毛むくじゃらの
Hister -trī(男)ヒステル(ダヌビウス川の下流部分)
hōc (hūc)(副)ここへ,この程度まで
Homērus -ī(男)ホメルス(ギリシアの詩人ホメロス)
homō -minis(男)人,人間
honor -ōris(男)名誉,官職
hōra -ae(女)時間
Horātius -ī(男)ホラティウス(詩人)
hortus -ī(男)庭,庭園
hūc(副)ここへ,こちらへ
humus -ī(女)大地,地面,土地

I

iambus -ī（男）短長格
īcō, īciō īcere īcī ictum 打つ
igitur（接続）したがって，それゆえ，だから
ignis -is（男）火，雷光，激情，恋人
ignōscō -ere -gnōvī -gnōtum 許す，大目に見る
ignōtus -a -um 知られていない，未知の
ille illa illum（代名）あれ，あの人，それ
imāgō -ginis（女）像，姿，映像，似姿
imber -bris（男）雨，流れ
imitor -ārī -ātus sum まねる，似る
immorior -morī -mortuus sum（のうえで，そばで）死ぬ（与格）
impediō -īre -īvī -ītum からませる，さまたげる
imperfectus -a -um 未完成の
imperō -āre -āvī -ātum 命令する，支配する（与格）
importūnus -a -um 不適切な，無作法な，憚りを知らぬ
in（前置）〜の中で（奪格），〜の中へ，〜に向かって（対格）
inānis -is -e 空の，貧しい，空虚な
incertus -a -um 不確かな
incingō -ere -cinxī -cinctum 取り巻く，取り囲む
inde（副）そこから，それから

indēsertus -a -um 見捨てられていない，不朽の
indicium -ī（中）公表，報告，証拠
indīcō -ere -dīxī -dictum 宣言する
indignor -ārī -ātus sum 憤慨する，腹をたてる
indulgens -entis 好意的な，寛大な
induō -ere -uī -ūtum 身につけさせる，帯びる，装う
inermis -is -e 無防備の，武器を使わない
iners -ertis 訳に立たない，働きを失っている，怠惰な
inexpugnābilis -is -e 攻めることができない，征服されない
infēlix -īcis 不幸な
inferus -a -um 下方の
infestus -a -um 敵意ある，危険な
inficiō -cere -fēcī -fectum 染める，着色する
ingeniōsus -a -um 才能のある，有能な
ingenium -ī（中）天性，才能，詩才
ingenuus -a -um 生来の，自由民の，高貴な
inguen -guinis（中）そけい部
inhaerō -ere -haesī -haesum くっついている
inhonestō -āre -āvī -ātum 名誉を傷つける

iniciō (-jicio) -cere -jēcī -jectum 投げる，（上に）置く，かぶせる

inīquus -a -um 不公平な，不当な，敵意のある

inmodicus (immodicus) -a -um 節度のない，過度の

inmensus (immensus) -a -um 計り知れない，無限の，広大な

inmittō (immittō) -ere -mīsī -missum 成長させる，伸ばす

inornātus -a -um 飾りのない，手入れをしていない

inquam（欠如動詞）いう，述べる

inritus -a -um 無益な，むなしい，挫折した

insenescō -ere -senuī 年をとる

insignis -is -e 明白な，顕著な，卓越した，すぐれた

insolitus -a -um 慣れていない

intereō（副）その間に，しかしながら

intus（副）内部で，内部に

inūtilis -is -e 役に立たない，無用の

inveniō -īre -vēnī -ventum みつける

inventus -a -um < inveniō

invictus -a -um 征服されていない，打ち負かされていない

invītus -a -um いやいやながらの，不承知の

iō（間投）ああ，おお

ipse -a -um（代名）自ら，自身，ちょうど

īra -ae（女）怒り

īrascor -scī īrātus sum 怒っている（与格）

Ismarius -a -um イスマルス（トラキア南部の山と町）の，トラキアの

ita（副）このように

Iūlus -ī（男）イウルス（アエネアスの息子アスカニウス）

J

jaceō -ēre jacuī jacitum 横たわっている，（ある場所に）ある

jactō -āre -āvī -ātum 投げる，振り回す

jam（副）すでに

jānua -ae（女）戸，門，扉

jubeō -ēre jussī jussum 命ずる

jūdex jūdicis（男）裁判官

jūdicium -ī（中）判決，意見，好意的評価

jugulō -āre -āvī -ātum（のどを切って）殺す，虐殺する

jugum -ī（中）くびき

junctus -a -um 結合した，隣接する，親しい

jungō -ere junxī junctum くびきをかける，つなぐ，接合する

Jūnō -ōnis（女）ユーノー（ユピテル

の后）

Juppiter (Jūpiter) Jovis（男）ユピテル（ギリシア神話のゼウス）
jūre （副）正当に，当然
jurgium -ī（中）口論
jūs jūris（中）法，権利，掟
jussus -a -um < jubeō
justus -a -um 正当な，当然あたえられるべき，適切な
juvenālis -is -e 若い，若々しい
juvenis -is 若い
juvenis -is（男，女）青年
juventa -ae（女）青年時代，青春期
juvō -āre jūvī jūtum 助ける，役立つ，喜ばせる，楽しませる

L

labefaciō -ere -fēcī -factum ぐらつかせる，弱める
lābēs -is（女）欠陥，汚点，不名誉
labor -ōris（男）労働，苦労
lābor -bī lapsus sum すべる，滑り落ちる，流れる，（時）過ぎる
lacertus -ī（男）上腕，腕
lacrima -ae（女）涙
laedō -ere laesī laesum 傷つける，損なう
laesus < laedō
laetus -a -um 喜んでいる，うれしい
laeva -ōrum（中，複数）左側

laevus -a -um 左の
Lāis -idis（女）ライス（コリントスの遊女）
langueō -ere -guī 弱っている
languidus -a -um 弱った，病気の
Lār Laris（男）ラル（家庭，道路などの守護神），家
lassō -āre -āvī -ātum 疲れさせる
lassus -a -um 疲れた
latebra -ae（女）かくれ場
latus lateris（中）横腹，わき腹
lātus -a -um 幅の広い
laudābilis -is -e ほめるべき
laus laudis 賞賛，名誉
laxus -a -um ゆるんだ，ゆるい
lector -ōris（男）読者
lectus -ī（男）寝台，長いす
legō -ere lēgī lectum 読む，選ぶ
lēniō -īre -īvī -ītum 和らげる，和らぐ
lēnis -is -e 穏やかな
levis -is -e 軽い
levō -āre -ī -ātum 軽減する，回復させる，弱める，減ずる，持ち上げる
libellus -ī（男）小さい本
liber -brī（男）樹皮，書物，本
Līber -erī リベル（イタリアの古い神，のちにバックス Bacchus）
līber -era -erum 自由な，独立した，

成人男子の
libīdō -dinis（女）欲望
lībum -ī（中）（供物用の）菓子
Libycus -a -um リビュアの
liceor -ērī -citus sum（競売で）値をつける
licet -ēre licuit 自由である，許されている，してもよい，〜としても（接続法）
lignus -ī（男）木，木材
līmen -minis（中）敷居
līmes -mitis（男）境界線
Linus, Linos -ī（男）リヌス（アポロンの子）
liquidus -a -um 液体の，透明な，純粋な
lītus lītoris（中）海岸
līvor -ōris（男）嫉妬，悪意
loculus -ī（男）狭い場所，仕切られた函
locus -ī（男）場所，地位，（複数）地域
longus -a -um 長い，広い
loquor -quī locūtus sum 話す
lūcifer -ferī（男）明けの明星，朝，日
lucrum -ī（中）利益，富
luctor -ārī -ātus sum 格闘する，戦う
luctus -ūs（男）悲嘆，悲しみ
lūmen -minis（中）光，明るさ
lūna -ae（女）月，月光，夜

lupāta -ārum（中，複数）（鋭い歯のついた）はみ
lūsor -ōris（男）遊戯者，戯作者
lustrum -ī（中）5年間
lūsus -ūs（男）遊び
lūx lūcis（女）光，昼，日，一日
lyra -ae（女）竪琴

M

Macer -erī（男）マケル（詩人）
madidus -a -um 湿った，ぬれた
Maeonidēs -ae（男）リュディア人（特にホメルス Homerus をさしていう），エトルリア人
maereō -ēre -ruī 悲しむ（奪格）
maestus -a -um 悲しみに沈んだ
magnificus -a -um 華麗な
magnus -a -um 大きな，偉大な，重大な
mājor -or -us（magnus）より大きな，年上の
malignus -a -um 悪意のある
malum -ī（中）悪，不幸
malus -a -um 悪い，不正な，不快な
mandātum -ī（中）命令，指図
maneō -ēre mansī mansum とどまる，存続する
mānēs -ium（男，複数）死者の霊，冥府，黄泉の国
manus -ūs（女）手

mare -is（中）海
marītus -ī（男）夫
massa -ae（女）かたまり
māter -tris（女）母
māternus -a -um 母の
mĕ（代名，対格）< ego
medicīna -ae（女）医術，医師
medicus -a -um 医療の
medius -a -um 真ん中の
mel mellis（中）蜂蜜
melior -or -us（bonus）よりよい
membrum -ī（中）身体の部分，構成員，（複数）身体，四肢
Memnōn -onis（男）メムノン〔曙の女神アウロラの子，アエティオピアの王〕
memor -oris 心に留めている，感謝している
menda -ae（女）mendum -ī（中）欠点
mens mentis（女）頭，心，意図
mensis -is（男）（暦の）月
mensor -ōris（男）測量士
mensūra -ae（女）寸法，長さ
mentior -īrī ītus sum 偽る，装う
mercēs -ēdis（女）報酬
mereō -ēre meruī meritum 稼ぐ，勤務する
mergō -ere mersī mersum 鎮める，のみ込む，埋める
mēta -ae（女）決勝点，終点

Mettus, Mettius -ī（男）メトゥス（アルバ人の指導者）
metuō -ere metuī metūtum 恐れる
metus -ūs（男）恐怖，心配
meus -a -um わたしの
mihĭ（代名，与格）< ego
mīles -litis（男）兵士
mille（数，複数 milia）1000（の），mille passuum マイル（＝約 1.5 km）
Minerva -ae（女）ミネルウァ女神
minimus -a -um（parvus）もっとも小さい，もっとも少ない
minor -or -us（parvus）より小さい，より少ない，より若い，劣った
minuō -ere -uī -ūtum 減らす，減る
mīrus -a -um 驚くべき，ふしぎな
miscō -ēre miscuī mixtum 混ぜる
miser -era -erum 不幸な，みじめな
miserābilis -is -e 悲しむべき，悲惨な
mītis -is -e 柔軟な，寛大な，優しい
mittō -ere mīsī missum 行かせる，送る
modo（副）ただ，ちょうど今，modo ～ modo あるときは～またあるときは，nōn modo ～ sed etiam のみならずまた
modus -ī（男）量，適量，拍子，リズム，やり方

moenia -ium (中, 複数) 防壁, 城壁
mollis -is -e 柔軟な, ゆるやかな, おだやかな
molliter (副) 柔らかに, 静かに, ゆっくりと
mollitiēs -ēī (女) 柔らかさ
mora -ae (女) 遅れ, 猶予, ぐずぐずすること
mordeō -ēre momordī morsum かむ, 刺す
morior morī mortuus sum 死ぬ
mors mortis (女) 死
mortālis -is -e 死ぬ運命の, 人間の, -is (男) 人間
mōs mōris (男) 慣習, やり方
moveō -ēre mōvī mōtum 動かす, 操る
multō (副) はるかに, 大いに
multus -a -um 多くの, 大きい
mūnus -neris (中) 義務, 務め, 好意, 贈り物
Mūsa -ae (女) ムーサ (学芸の女神) 詩, 学問
mūtō -āre -āvī -ātum 変える, 変化させる, 変わる (自動)
myrtus -ī (女) キンバイカ, ミルテ

N

nam (接続) なぜなら, もちろん
narrō -āre -āvī -ātum 話す, 語る

nāta -ae (女) 娘
nātālis -is (男) 誕生日
nātūra -ae (女) 自然, 本性
nātus -ī (男) 息子
nātus -a -um から生れた, 生じた
nāvāle -is (中) 造船所, ドック, 船渠
nāvis -is (女) 船
nē (副, 接続) 〜しない, 〜でない, 〜しないように (接続法)
nec, neque (副, 接続) 〜でない, そして〜でない
necnōn (副) そして〜も, そしてさらに
nectō -ere -xī -nexum 巻きつける, からませる
nefās (中, 不変化) 犯罪, 不敬罪
neglegō -ere -lexī -lectum 無視する
negō -āre -āvī -ātum 否定する, 拒絶する
Nemesis -is (女) ネメシス (ティブルスの恋人)
nēmō (男, 女) だれも〜しない
nesciō -īre -scīvī -scītum 知らない, 気づかない
Nestor -oris (男) ネストル (ピュルスの王)
niger -gra -grum 黒い
nihil, nīl (不変化) 何もないこと, 無意味 (副) まったく〜ない
nimium, nimis (副) あまりに, 非

常に

nisi（接続）〜でなければ，〜以外に

nitidus -a -um 光る，輝く，明るい

nōbīs（代名，与格・奪格）< nōs

noceō -ēre -uī -citum 傷つける，害する，損なう

nocturnus -a -um 夜の

nōlō nolle nōluī 〜したくない，好まない

nōmen -minis（中）名前

nōn（副）〜でない

nōs（代名）我々は

noscō -ere nōvī nōtum 知る

noster -tra -trum 我々の

nōtus -s -um（noscō）知られた，有名な

novālis -is -e（女）休閑地

novellus -a -um 若い，不慣れな

novem（数）9（の）

noviēs -ens（副）9回（倍）

nox noctis（女）夜

nūbēs -is（女）雲

nūdus -a -um 裸の

nullus -a -um 誰も〜ない，何も〜ない

nūmen -minis（中）うなずき，神意，神

numerōsus -a -um 多数の，多くの，調和のとれた，韻律豊かな，リズミカルな

numerus -ī（男）数

numquam（副）決して〜ない

nupta -ae（女）妻

O

oblīviscor -scī oblītus sum 忘れる（属格）

oborior -īrī -ortus sum のぼる，現れる

obscūrus -a -um 暗い，陰気な

obstipescō (obstupescō) -ere -stupuī 唖然とする

obstō -āre -stitī 立ちはだかる，抵抗する

obsum -esse -fuī 邪魔になる（与格）

obvius -a -um 途中にある，行き会う（与格）

occāsus -ūs（男）日没

occidō -ere -cidī -cāsum 倒れる，沈む

occultus -a -um 隠された，秘密の

ocellus -ī（男）（小さい）目

oculus -ī（男）目

odium -ī（中）憎しみ，反感

olīva -ae（女）オリーブ（の実，の木，の葉）

omnis -is -e 全体の，あらゆる，すべての

onerōsus -a -um 重い，負担となる

onus oneris（中）重さ，荷，負担

ops opis（女）力，能力，助け，資力，財産，富
optō -āre -āvī -ātum 選ぶ，願う，望む
opus -eris（中）仕事，務め，活動，opus est（奪格）必要である
ōra -ae（女）縁，海岸
orbis -is（男）円，球，世界，地域，輪
ordō -inis（男）列，階級，地位
orior -īrī ortus sum 昇る，始まる，生れる，起こる
Orpheus -eī（男）オルペウス（詩人）
os ossis（中）骨
ōs ōris（中）口，顔
osculum -ī（中）（小さい）口，接吻，キス
ōtium -ī（中）閑暇，休息，平安

P

paene（副）ほとんど，ほぼ
Pallas -adis（女）パラス（アテーナ）
pallium -ī（中）上掛け
palma -ae（女）手のひら，棕櫚
pandō -ere pandī passum 広げる，伸ばす
papilla -ae（女）乳首
pār paris 等しい，一様な，同様の
Parca -ae（女）パルカ（運命の女神）
parcō -ere pepercī 節約する，惜しむ，慎む
parens -entis（男）親

parentālis -is -e 両親の
pariō -ere peperī partum 生む，もたらす，手に入れる，獲得する，
parō -āre -āvī -ātum 用意する
Parrhasis -idis アルカディアの
pars partis（女）部分，一部，局面，地域，役
parum（副）不十分に，わずかすぎる
parvus -a -um 小さい，少ない
pascō -ere pāvī pastum 養う，育てる，食べて生きている（受動）
passus -ūs（男）歩み
pastus -a -um < pascō
pater -tris（男）父
paternus -a -um 父の，父祖の
patria -ae（女）祖国，故郷
pauper -eris 貧乏な，貧しい
pax pācis（女）平和
peccō -āre -āvī -ātum 間違いをする，過ちを犯す
pectus -toris（中）胸，心
pējor -or -us (malus) より悪い
pelagus -ī（中）大海
Peliās -ae（男）ペリアス（テッサリアのイオルコスの王）
pellō -ere pepulī pulsum 押す，打つ，追い出す，退ける
Penātēs -ium（男，複数）ペナーテース（ローマの家や国の守護神）

per（前置）～を通って，～によって，～で，～の中いたるところに
peragō -ere -ēgī -actum なしとげる，過ごす，費やす，果たす
percellō -ere -culī -culsum 打つ，突く
perdō -ere -didī -ditum 無駄にする，浪費する，失う
perennis -is -e 1年中，絶えず
pereō -īre -iī -itum 消える，死ぬ
perferō -ferre -tulī -lātum 我慢する，耐える
perfundō -ere -fūdī -fūsum ぬらす，浸す
perīculum -ī（中）試み，危険
permaneō -ēre -mānsī -mānsum とどまる，残る
perstō -āre -stitī 変わらない，持続する
pertaedeō -ēre -taeduī -taesum（非人称）まったく飽きさせる，まったく飽きている
petō -ere petīvī petitum 向かう，追う，求める
Phaeācius -a -um パエアーキア（伝説の国）の
pharetra -ae（女）箙（えびら）
pharetrātus -a -um 箙を背負っている
Phoebus -ī（男）ポエブス（ギリシア神話のアポロン）
Pīerius -a -um ピエリア（マケドニアの北，ムーサたちの故郷）の，ムーサエの，詩の
pietās -ātis（女）敬虔，情愛
piger -gra -grum 気が進まない，怠惰な
pignus -noris（中）人質
pilum -ī（中）投槍
pinguis -is -e 太った
pinna -ae（女）羽，翼
pīnus -ūs（女）船
Pīsaeus -a -um ピサの
pius -a -um 敬虔な
placeō ēre -cuī -citum 喜ばれる，好ましい，気に入る
placidē（副）静かに，おだやかに
plācō -āre -āvī -ātum なだめる，鎮める
plānus -a -um 平らな
plaudō -ere -sī -sum たたく，拍手喝采する
plōrō -āre -āvī -ātum 泣く，嘆く
plūma -ae（女）羽，羽毛
plūrimus -a -um (multus) 最も多い，最大量の
plūs plūris（中）より多くの数（属格）
poena -ae（女）罰金，罪
poēta -ae（男）詩人

polus -ī（男）極

pompa -ae（女）行列

pōmum -ī（中）果物，果実

pondus -deris（中）重さ，（複数）塊

pōnō -ere posuī positum 置く，定める，葬る，終わらせる，やめる

Ponticus -ī（男）ポンティクス（詩人）

Pontus -ī（男）黒海

populus -ī（男）民族，人民，群集

porrigō -ere -rexī -rectum 伸ばす，差し出す

portō -āre -āvī -ātum 運ぶ，もたらす

portus -ūs（男）港

poscō -ere poposcī 要求する，求める，必要とする

possessus -a -um ＜ possideō, possīdō

possideō -ēre -sēdī -sessum 所有する，獲得する，支配する

possīdō -ere -sēdī -sessum 手に入れる，掌握する

possum posse posuī 〜することができる

posterior -a -um (post, posterus) より後の，それに続く

posteritās -ātis（女）未来，後の世代，子孫

postis -is（男）門，扉

postmodo （副）その後，やがて

potens -entis 強力な

prae （前置，奪格）〜の前に，〜に対して

praebō -ēre -buī -bitum 示す，提供する

praeceps -cipitis（中）絶壁，断崖，in praeceps まっさかさまに，まっしぐらに

praecipitō -āre -āvī -ātum むやみに急ぐ

praeda -ae（女）戦利品，獲物

praeferō -ferre -tulī -lātum より〜を好む，優先する

praemium -ī（中）戦利品，報酬，恩恵

praepōnō -ere -posuī -positum 優先する，高く評価する

praesāgium -ī（中）予言

praesens -entis 今いる，ある，現在の，今の

praestō -āre -stitī -stātum 示す，明らかにする

praetereō -īre -iī -itum 通り過ぎる，

prātum -ī（男）草原，牧草

precor -ārī -ātus sum 祈る，願う

prehendō -ere -hendī -hensum つかむ，捕らえる，達する

premō -ere pressī pressum 圧する，抑える，駆り立てる，苦しめる，包む，閉じ込める

prensus -a -um < prendō -ere < pre-hendō
pretiōsus -a -um 高価な，貴重な
pretium -ī（中）価値，代価，代償
prex -recis（女）懇願，祈り，祈願
prīdem（副）以前に
prīmum（副）まず，最初に，初めて，quam prīmum できるだけ早く
prīmus -a -um 最初の，主要な
princeps -cipis（男）長，元首，皇帝
prius（副）より以前に，むしろ
prīvignus -a -um 継子の
prō（前置，奪格）〜の前に，〜の前で，〜のために，〜の代わりに
proavus -ī（男）曾祖父，祖先
probus -a -um 貞淑な
prōcubō -āre 伸びて（横たわって）いる
procul（副）遠くに，遠くへ
prōdigus -a -um 浪費する，気前のよい，富んだ
prōditiō -ōnis（女）裏切り
profānō -āre -āvī -ātum 冒涜する，汚す
proficiscor -scī -fectus sum 出発する
profugus -ī（男）逃亡者，亡命者
profugus -a um 亡命している，放浪する
prohibeō -ēre -buī -bitum 遠ざける，妨げる，禁ずる
prope（副）近く，ほとんど
properō -āre -āvī -ātum 急ぐ
Propertius -ī（男）プロペルティウス（詩人）
prōpōnō -ere -posuī -positum 予定する，もくろむ
prosperus -a -um 幸いな，望ましい，好意的な
prōsum prōdesse prōfuī 役に立つ
prōtegō -ere -texī -tectum 保護する，かばう
prōtinus（副）まっすぐ前に，引き続いて，すぐに
prōveniō -īre -vēnī -ventum 現れる，起こる
prōvocō -āre -āvī -ātum 呼び出す
proximus -a -um（prope）最も近い，次の，すぐ後の
pudeō -ēre -duī 恥ずかしく思う
pudor -ōris（男）恥じらい
puella -ae（女）少女，乙女
puer -erī（男）少年，若者，子供
pugna -ae（女）戦闘
pugnō -āre -āvī -ātum 戦う，反抗する
pulcher -chra -chrum 美しい，りっぱな
pulvis -veris（男）ほこり，ちり
puppis -is（女）船尾，船

purpura -ae（女）紫色，紫衣，高位
purpureus -a -um（赤）紫の，光り輝く
pūrus -a -um きれいな，清潔な
putō -āre -āvī -ātum みなす，思う，信ずる
Pylius -ī（男）ピュルスの人（特にネストルをさしていう）
Pylius -a -um ピュルスの

Q

quā（代名）どのように，〜するところの，（接続）〜のように
quaerō -ere -sīvī -sītum 捜す，欲する，知ろうとする，獲得する
quālis -is -e（関係）〜のような（種類の）
quāliter（副）ちょうど〜のように
quam（疑問）どれほど，（関係）〜のように，〜と同様に，できるだけ，なるべく
quamquam（接続）〜とはいえ，〜にもかかわらず
quamvīs（接続）たとえ〜であっても，どんな〜でも
quartus -a -um（数）第4の，4番目の
quasi（接続）まるで〜のように
quassus -a -um < quatiō
quater（副）4度，4回

quatiō -tere quassum 振動させる，たたく，打ち壊す
quercus -ūs（女）樫
quī quae quod（代名）〜するところの（人，もの），（不定）誰か，何か，ある人（もの）
quī, quae, quod -cumque（代名）〜する人（もの）は誰（何）でも
quid（副）どうして，なぜ
quidem（副）確かに
quiescō -ere quiēvī quiētum 休む，静まる，眠る
quiētus -a -um 休んでいる，静かにしている，平和に
quinque（数）5（の）
Quirīnus -ī（男）クウィリヌス（ロムルス）
quis quis quid（代名）誰，何，どれ
quisquam（代名）誰か，何か，（否定）誰も，何も
quisque quisque quidque（代名）各人，誰でも，何でも
quō（副）どこへ，何のために
quō（関係）そこを通って，〜するところの，〜する（場所）
quod（接続）〜ということが（を），〜ので（直説法），〜という理由で（接続法）
quondam（副）かつて，以前
quoniam（接続）〜やいなや，〜の

える,〜だから
quoque（副）同じように，また
quot（不変化）どれほど多くの，〜だけ多くの
quotiens（副）何回，いく度，(関係)〜するたびごとに

R

rapidus -a -um 速い
rapiō -pere -puī -ptum 強奪する，運び去る，さらう
rārus -a -um まばらな，薄い，稀な
ratis -is（女）船
recens -entis 最近の，新しい
recingō -ere -cinxī -cinctum（衣服，帯など）解く
recipiō -pere -cēpī -ceptum 受け取る
recitō -āre -āvī -ātum 朗読する
rector -ōris（男）舵手，御者
redeō -īre -iī -itum 帰る
referō -ferre retulī relātum 引き戻す，報告する，注意をむける，述べる，言及する
rēginus -a -um 王の，王家の，立派な，王にふさわしい
regnum -ī（中）王権，王国，支配，領土
regō -ere rexī rectum 導く，支配する，操縦する
relanguescō -ere -languī 弱まる，衰える
relinquō -ere -liquī -lictum 残す，放置する
reluctor -ārī -ātus sum 逆らう
removeō -ēre -mōvī -mōtum 取り去る，取り除く
rēmus -ī（男）櫂
renovō -āre -āvī -ātum 再び持ち出す，更新する
reor rērī ratus sum と思う，考える
reperiō -īre repperī repertum 見つける，手に入れる
repetō -ere -petīvī -petitum 繰り返す，思い起こす
repugnō -āre -āvī -ātum 抵抗する，反対する
repulsus -a -um（repellō）退けられた，拒否された
requiēs -ētis（女）休息，安息
requiescō -ere -quiēvī -quiētum 休息する
rēs reī（女）物事，事柄，事態
resecō -āre -sectum 切って短くする，刈り込む
respectus -ūs（男）顧慮，配慮
respiciō -cere -spexī -spectum 振り返る，気づかう
restō -āre -stitī 残る
resūmō -ere -sumpsī -sumptum 再び取り上げる

resurgō -ere -surrexī -surrectum 再び立ち上がる

retentō -āre -āvī -ātum しっかりつかんでいる，引き止める

retexō -ere -xuī -xtum（織ったものを）ほぐす，解く

retineō -ēre -tinuī -tentum 引き止める

retorqueō -ēre -torsī -tortum 後ろへ曲げる

retortus -a -um < retorqueō

retundō -ere retudī retunsum（刃を）鈍くする，力を弱める

revertor -vertī -versus sum 帰る，もどる

revocō -āre -avī -ātum 呼び戻す

rigidus -a -um 堅い

rigō -āre -āvī -ātum 水を引く，ぬらす

rogālis -a -um 火葬用の薪の

rogō -āre -āvī -ātum 問う，求める，懇願する

rogus -ī（男）火葬用の薪の山，死

rosa -ae（女）バラ

roseus -a -um バラの，バラ色の

rota -ae（女）車

rudis -is（女）(剣闘士が引退するとき与えられる) 練習用の木刀

rudis -is -e 経験をつんでいない

rūga -ae（女）しわ

ruīna -ae（女）崩壊，倒壊，破滅

rumpō -ere rūpī ruptum 裂く，破る

rursus, rursum（副）再び，さらに

rūs rūris（中）田舎，田園，田舎屋敷

S

Sabīnus -a -um サビニー族の

sacer -cra -crum 聖別された，神聖な

sacerdōs -ōtis（男）祭司，神官，司祭

sacrum -ī（中）聖物，犠牲，祭儀，神への奉仕

saeculum -ī（中）世代，時代

saepe（副）しばしば

saeviō -īre -iī -ītum 暴れまわる，荒れ狂う

sagitta -ae（女）矢

saltus -ūs（男）森，草地，牧場

salūs -ūtis（女）無事，救済策

salūtō -āre -āvī -ātum 挨拶する

sanctus -a -um 神聖な

sanguis -guinis（男）血

sapiō -pere -pīvī 分別がある，味がわかる

sarcina -ae（女）荷，重荷

Sarmatae -ārum（男，複数）サルマタエ（黒海北部にいた遊牧民）

Sarmaticus -a -um サルマタエ人の，サルマティアの

Sarmatis -idis サルマティアの

satis（中，副）十分，十分に

Sāturnus -ī（男）サトゥルヌス（ギリシア神話のクロノス）
scelus -leris（中）犯罪，悪行
scīlicet（副）確かに，明らかに
scindō -ere scidī scissum 切り離す，切り開く
sciō -īre -īvī -ītum 知っている，承知する
scrībō -ere scripsī scriptum 書く，描く
scriptum -ī（中）手紙
scūtum -ī（中）（円形の）盾
Scythia -ae（女）スキュティア
Scythicus -a -um スキュティアの，スキュティア人の
sēcēdō -ere -cessī -cessum 退く，ひきこもる
sēcubō āre -buī -bitum ひとりで寝る
sēcūrus -a -um 心配のない，安全な，平穏な
sed（接続）しかし，けれども；nōn modo ... sed etiam ～のみならず～もまた
sedeō -ēre sēdī sessum 座る，とどまる
sēdēs -is（女）座
semel（副）1度，1回，これを最後に
sēm(i)animis -is -e /-animus -a -um 半死半生の

Semīramis -is（女）セミラミス（アッシリアの女王）
semper（副）常に，いつでも
senecta -ae（女）老年（期）
senescō -ere senuī 老いる，衰える
senex senis（男）老人
senex senis 年とった，老いたる
senīlis -is -e 老年の，老人の
sensus -ūs（男）感覚，意識，感情
sententia -ae（女）意見，考え，内容
sentiō -īre sensuī sensum 知覚する，感じる
sepeliō -īre -pelīvī -pultum 埋葬する
sequor -quī secūtus sum ついていく，追う，従う
seriēs -ēī（女）連続，血統
sermō -ōnis（男）話，対話
sērō（副）遅く，おくれて
sērus -a -um 遅い，後の
serviō -īre -īvī -ītum 仕える，服従する
servitium -ī（中）奴隷であること（身分），服従
servus -ī（男）奴隷
sevērus -a -um 厳格な，まじめな，いかめしい
sī（接続）もし～ならば
sīc（副）このように
siccus -a -um 乾いた
sīcut（接続）ちょうど～のように，

〜と同様に
signō -āre -āvī -ātum 封印する，印しをつける
signum -ī（中）印章，軍旗
silva -ae（女）森
simul （副）いっしょに，同時に
sine （前置，奪格）〜なしに
singulī -ae -a（複数）ひとつずつの，それぞれの，個々の
singultus -ūs（男）すすり泣き，むせび泣いて息をつまらせること
sinister -tra -trum 左の，不吉な
sinō -ere sīvī situm なるに任せる，残す，許す
sinus -ūs（男）胸
sīstrum （中）エジプトのイシス崇拝に用いられるガラガラに似た楽器
sitis -is（女）のどの渇き
sīve, seu （接続）あるいはもし
sodālicium -ī（中）友誼，親交
sodālis -is（男）仲間，親友
sōl sōlis（男）太陽
sōlācium -ī（中）慰め
soleō -ēre solitus sum 〜する習慣である，〜するのが常である
solidus -a -um 堅い
sollers -ertis 巧みな，上手な
sollicitō -āre -āvī -ātum ゆさぶる，悩ます，（感情を）刺激する，そそのかす
sollicitus -a -um 不安な，心配した
solus -a -um ひとりの，単独の
solvō -ere solvī solūtum 解く，開放する，ばらばらにする
somnus -ī（男）眠り
sonō -āre -uī -itum 音がする，鳴り響く
sonus -ī（男）音，声，言葉
soror -ōris（女）姉妹
spargō -ere -rsī -rsum ばらまく，ふりかける
spatium -ī（中）空間，時間，暇
spērō -āre -āvī -ātum 希望する，期待する
spēs -eī（女）希望
sponte （spons 奪格）自発的に，ひとりでに，故意に
spūmescō -ere 泡がたつ
squālidus -a -um 汚い，むさ苦しい
stella -ae（女）星
stirps -pis（女）茎，幹，木，家系，子孫
strāmineus -a -um 藁でつくった，藁ぶきの
strātum -ī（中）寝具，寝床
structus -a -um < struō
struō -ere struxī structum 積む，積み上げる
studiōsus -a -um 熱心な，入念な

studium -ī（中）熱意，愛着，関心事，好きな仕事

stultus -a -um 愚かな，ばかな

stupeō -ēre -puī ぼうっとする，唖然とする

suādeō -ēre suāsī suāsum 忠告する，すすめる

sub（前置）〜の下で（奪格），〜の下へ，〜の近くに（へ）（対格）

subdūcō -ere -duxī -ductum（船を）陸揚げする

subeō -īre -iī -itum 近づく，襲う，忍び寄る，思い浮かぶ，耐え忍ぶ

subitō（副）突然，不意に，すぐに

subitus -a -um 突然の，急な

sublevō -āre -āvī -ātum 支える，支持する

sublīmis -is -e 高い，高くそびえる，崇高な

sublūceō -ēre かすかに輝く

submergō -ere -mersī -mersum 沈める

subtrahō -ere -traxī -tractum（下から）引き抜く

succēdō -ere -cessī -cessum 近づく，後にくる

successor -ōris（男）継承者

succumbō -ere -cubuī -cubitum 倒れる，屈する

sulcō -āre -āvī -ātum 掘る，（波を）切って進む

Sulmō -ōnis（男）スルモ（イタリア中部の町）

summus -a -um 最後の，最も高い，頂上の

sūmō -ere sumpsī sumptum 手に取る，手に入れる，まとう，身に着ける

superō -āre -āvī -ātum 勝つ，まさる，征服する

superus -a -um 上の，上にある，天（上）の

suppōnō -ere -posuī -positum 下に置く，従わせる，埋葬する

suprā（副）上に，越した（前置，対格）〜の上に，〜を超えて

suprēmus -a -um 最も高い，最後の

surgō -ere surrexī surrectum 立ち上がる

suspiciō -cere -spexī -spectum 見上げる，仰ぎ見る，尊敬する

sustineō -ēre -tinuī -tentum 支える，耐える，許容する，思い切って〜する

T

tabella -ae（女）（蝋引きした）書字板，（複数）文書（手紙など）

tacitus -a -um 黙っている，無言の，静かな

taedium -ī（中）退屈，不快感，嫌悪感

tālis -is -e このような，そのような

tamen （副）にもかかわらず，それでも

tamquam （副）〜のように，同じように

tandem （副）ついに，ようやく

tangō -ere tetigī tactum 触る，接する，達する，打つ

tantum （副）これほど（多く，長く，遠く），ただ〜だけ

tantus -a -um これほど大きい

tardus -a -um 動きの遅い，ゆっくりした

taurus -ī（男）雄牛

tectum -ī（中）家屋，住居，屋根

tectus -a -um < tegō

tegō -ere texī tectum 覆う，かくす

tēla -ae（女）織物，布

tellūs -ūtis（女）大地，地

tēlum -ī（中）飛び道具（矢，槍など），武器

temere （副）たまたま，でたらめに

temerō -e -āvī -um 汚す，犯す，辱める

tempestīvē （副）ちょうどよい時に

templum -ī（中）神域，神殿

temptō -āre -āvī -ātum さわる，調べる，試みる，襲う

tempus -poris（中）時，時間

tempus -poris（中）こめかみ

tenax -ācis まといつく，粘着力の強い

tendō -ere tetendī tentum 伸ばす，広げる，めざす，ねらう

tenebrae -ārum（女）暗闇

teneō -ēre tenuī tentum つかむ，捕まえる，抱きしめる

tener -era -erum 柔らかい，軟弱な，若い，幼い

tenuis -is -e 細い

ter （副）3 度

tergum -ī（中）背中，裏

terō -ere trīvī trītum こする

terra -ae（女）陸地，大地

tertius -a -um 第 3 の

testificor -ārī -ātus sum 証言する，立証する

tetricus -a -um 厳格な

thalamus -ī（男）部屋，寝室

Thalīa -ae（女）タリア（ムーサエの一人，喜劇を司る）

Thēsēus -a -um テーセウスの

Thessalia -ae（女）テッサリア

tibi （代名，与格）< tū

Tibullus -ī（男）ティブルス（詩人）

tigris -idis, -is（男）虎

timeō -ēre -muī 恐れる

timidus -a -um 臆病な，おずおず

した
Tīphys -yos（男）ティピュス（アルゴ船の舵手）
toga -ae（女）トガ（衣服）
Tomītae -ārum（男，複数）トミー（トミス Tomis, 黒海沿岸の町）の住民
torpeō -ēre -puī 麻痺している，動けない
torqueō -ēre torsī tortum 責める，苦しめる
torus -ī（男），**torum** -ī（中）寝台，新床
tot（無変化）これ（あれ）だけの数の，これほど多くの（quot）
totiens（副）～ほどひんぱんに，しばしば
tōtus -a -um 全体の，すべての
tractō -āre -āvī -ātum 取り扱う，ふれる
trahō -ere traxī tractum 引く，引っ張る，引き込む，はがす
tremō -ere -uī ふるえる，ゆれる
trepidus -a -um 恐れおののく，恐ろしい
trēs trēs tria（数）3（の）
trēsvirī -ōrum（男，複数）< triumvir 三人委員の一人，（複数）三人委員会
tristis -is -e 悲しんでいる，悲しむ

べき
triumphus -ī（男）凱旋式，凱旋，勝利
Trōja -ae（女）トロイア
Trōjānus -a -um トロイアの
tū（代名）あなた，君，お前
tulī < ferō
tum（副）その時に，その当時
tumidus -a -um 盛り上がった
tunc（副）そのとき，それから
tundō -ere tutudī tūsum（繰り返し）打つ，たたく
tunica -ae（女）トゥニカ（ローマ人の貫頭衣）
turba -ae（女）群集，群れ
turbō -binis（男）旋風，嵐
turpis -is -e 醜い，汚い，汚れた
turpiter（副）不恰好に，不面目に
turris -is（女）塔
turrītus -a -um 塔の
tūs -ūris（中）香，乳香
tūtor -ārī -ātus sum 守る
tūtus -a -um 危険から守られた，安全な，確かな

U

ūber -eris 肥沃な，豊かな
ubi, ubī（副，接続）どこに，～の場所（場合）に
ullus -a -um（誰か，なにか）ある

ulterior -ior -ius 越えた，向こう側の，より先の
ultimus -a -um 最後の，もっとも遠方の
ultor -ōris（男）復讐する者
umbra -ae（女）影，亡霊
umerus -ī（男）肩
ūmidus -a um 湿った
umquam（副）いつか，かつて
unda -ae（女）水
unde（副）どこから
ūnus -a -um ひとりの，ひとつの，ūnus et alter 1人か2人
urbs urbis（女）都市，ローマ市，都
urgeō, urgueō -ēre ursī 駆り立てる，せきたてる，苦しめる
urna -ae（女）壷
ūrō -ere ussī ustum 焼く
usque（副）絶えず，ずっと
ūsus -ūs（男）使用，利用
ut（接続）〜するとき，〜するために（接続法），（副）どのように，〜のように，そのように（ut 〜 sic）
uterque utraque utrumque 2つのうちどちらも，両方とも
ūtilis -is -e 有用な，役に立つ
ūtilitās -ātis 役に立つこと，利益
utinam（副）（願わくば）〜でありますように（接続法）
ūtor ūtī ūsus sum 使う，用いる，利用する（奪格）

V

vacuus -a -um 空の，うつろな，人気のない，〜を欠く（奪格）
vagus -a -um さまよう，不安定な，散漫な
valeō -ēre -luī -litum 健康である，有力である，役に立つ
validus -a -um 強い，頑丈な
vallēs, vallis -is（女）谷，渓谷
vānus -a -um 空の，偽りの，信頼できない
vapor -ōris（男）蒸気，熱気
variō -āre -āvī -ātum さまざまな色にして飾る
vastus -a -um 途方もなく大きい，果てしない
-ve（前接辞）あるいは，または
vel（接続）あるいは
vēlāmen -minis（中）覆うもの（衣服など）
vellem（volō）（実現しなかった願望）〜あればよかったのに
vēlō -āre -āvī -ātum 覆う，巻きつける
vēnātor -ōris（男）狩人
veneror -ārī -ātus sum 崇拝する，尊敬する
venia -ae（女）恩恵，容赦

venter -tris（男）腹
ventōsus -a -um 風のように速い，変わりやすい
ventus -ī（男）風
verber -eris（中）鞭
verbōsus -a -um くち数の多い，多弁な
verbum -ī（中）言葉，語
verēcundus -a -um 控え目な，慎み深い，恥ずかしがりの
Vergilius -ī（男）ウェルギリウス（詩人）
vērō（副）本当に，確かに
verrō -ere versum 掃く，掃き清める
versō -āre -āvī -ātum 追い回す，悩ます
versus -a -um < vertō
versus -ūs（男）行，列，詩
vertō -ere -ī versum まわす，向きを変える，向かわせる；向く，向かう，回る，変わる
vērum -ī（中）真実，事実
vērus -a -um 真実の
vestīgium -ī（中）跡，名残
vestis -is（女）衣服
vetus -teris 年をとった，古い
via -ae（女）道
vīcīnus -a -um 近くの
victor -oris（男）勝利者
videō -ēre vīdī vīsum 見る，（受動）〜と思われる，〜と考えられる

vigor -ōris（男）活力，気力
vīlis -is -e 安っぽい，価値の低い
vinciō -īre vinxī vinctum しばる，結ぶ，巻きつける，飾る
vinclum -ī（中）鎖
vincō -ere vīcī victum 勝利する，勝つ，征服する
vir virī（男）男，成人男子，夫
viridis -is -e 緑の，若々しい
vīs（複数 vīrēs）力，強さ，能力，体力
vīsus -ūs（男）見ること，光景
vīta -ae（女）生存，生命，人生，生活
vitiōsus -a -um 欠陥のある，不完全な
vitium -ī（中）欠点，過失，悪徳
vītricus -ī（男）義父
vīvō -ere vīxī victum 生きる，生活する
vīvus -a -um 生きている
vix（副）かろうじて，やっと，ほとんど〜ない，いやいや
vōcō -āre -āvī -ātum 呼ぶ
volō volle voluī 望む，願う
volucris -is（女），volūcre -eris（男）鳥
vōmer -eris（女）犁の刃
vōs（代名）あなた方，君たち
voveō -ēre vōvī vōtum 願う，希望する
vultus -ūs（男）顔，表情

オウィディウス像が刻まれたルーマニアのコイン（裏面）
（下部に，オウィディウスがトミスに追放されていた9年の歳月が記されている）

あとがき

　本書は，ラテン語をその詩を通して学ぼうとする人のための撰文集である．だいぶ以前のことになるが，編集部の松田徹さんと雑談をしていたとき，当時評判になっていた岩波文庫版のオウィディウスの『恋愛指南』のことが話題になった．そのとき松田さんが，できればこうした詩を題材にしたラテン語の学習用読本を出版したいといわれた．

　そのためには題材はともかく，まずは語句の理解が必要である．そして，そのためには，韻律にしたがってはめこまれた2行単位の詩をほぐして，そこに含まれている関連する語句のつながりをとらえなければならない．こうした過程をくり返しながら，ラテン語の詩に読者が気安く接することができるようになるのによい手だてはないかということだった．もう1つは，これは松田さんももらしていたことだが，韻律への不安感のようなものである．これらの難問をいささかなりとも解決して，読者がラテン詩を楽しむ手がかりになるように工夫した結果が本書である．ここに収められたのは，この詩人の数多い作品のうちのごくわずかにすぎないが，読者がラテン語学習の次の段階に進むための学習の糧になれば幸いである．

　終わりに，今回もまた編集・組版の両面で，松田徹，白川俊のおふたりに非常にお世話になった．厚くお礼申し上げたい．

2013年7月
風間喜代三

コンスタンツァのオウィディウス像
（1887年，イタリアの彫刻家エットーレ・フェッラーリ作）

［著者］
風間　喜代三（かざま・きよぞう）

1928年，東京生まれ。東京大学文学部言語学科卒業。
東京大学教授，法政大学教授を歴任。東京大学名誉教授。
専攻：言語学・インド=ヨーロッパ比較言語学。
著書：本書の姉妹編『ラテン語・その形と心』（三省堂），『ラテン語とギリシア語』（三省堂）のほか，『サンスクリット語・その形と心』（共著，三省堂），『言語学の誕生』（岩波新書），『印欧語の故郷を探る』（岩波新書），『印欧語親族名称の研究』（岩波書店）など多数。

オウィディウスで ラテン語を読む	2013年10月15日　第1刷発行

著　者　風間　喜代三
装訂者　間村　俊一
発行者　株式会社　三省堂　　代表者　北口　克彦
印刷者　三省堂印刷株式会社
発行所　株式会社　三省堂
　　　　〒101-8371　東京都千代田区三崎町二丁目22番14号
　　　　電話　(03)3230-9411(編集)
　　　　　　　(03)3230-9412(営業)
　　　　振替口座 00160-5-54300
　　　　http://www.sanseido.co.jp/
　　　　Ⓒ Kazama Kiyozo 2013
　　　　Printed in Japan
　　　　ISBN978-4-385-36253-3
　　　　落丁本・乱丁本はお取替えいたします

Ⓡ本書を無断で複写複製することは，著作権法上の例外を除き，禁じられています。本書をコピーされる場合には，事前に日本複製権センター(03-3401-2382)の許諾を受けてください。また，本書を請負業者等の第三者に依頼してスキャン等によってデジタル化することは，たとえ個人や家庭内での利用であっても一切認められておりません。

〈ラテン語を読む・256pp.〉

―――― 本書の姉妹編 ――――

風間喜代三 著
『ラテン語とギリシア語』(四六判，216 ページ)
『ラテン語・その形と心』(A5 判，288 ページ)

―――― 三省堂 ――――